建设家庭友好型工作场所优秀案例集

中华全国总工会
人力资源社会保障部
国家卫生健康委
中国企业联合会/中国企业家协会
中华全国工商业联合会
编

中国工人出版社

图书在版编目（CIP）数据

建设家庭友好型工作场所优秀案例集 / 中华全国总工会等编. —北京：中国工人出版社，2024.4
ISBN 978-7-5008-8074-5

Ⅰ. ①建… Ⅱ. ①中… Ⅲ. ①女性 – 劳动就业 – 案例 – 中国 Ⅳ. ①D669.2

中国国家版本馆CIP数据核字（2024）第074842号

建设家庭友好型工作场所优秀案例集

出 版 人 董 宽
责任编辑 魏 可
责任校对 张 彦
责任印制 栾征宇
出版发行 中国工人出版社
地　　址 北京市东城区鼓楼外大街45号　邮编：100120
网　　址 http://www.wp-china.com
电　　话 （010）62005043（总编室）
（010）62005039（印制管理中心）
（010）62379038（职工教育编辑室）
发行热线 （010）82029051　62383056
经　　销 各地书店
印　　刷 三河市国英印务有限公司
开　　本 880毫米×1230毫米　1/32
印　　张 3.75
字　　数 73千字
版　　次 2024年7月第1版　2024年7月第1次印刷
定　　价 48.00元

目 录

以人为本　创新措施
打造幸福美好牡丹家园

北京牡丹电子集团有限责任公司

北京牡丹电子集团有限责任公司（以下简称“牡丹集团”）前身为北京电视机厂，成立于1973年，是我国著名的传统电视机生产商，创造了家喻户晓的“中国之花”——牡丹品牌电视机。牡丹集团坚持以习近平新时代中国特色社会主义思想为指导，全面学习贯彻党的二十大精神，以党建带工建为工作主线，以夯实工会基层组织建设工作为重点，以打造特色品牌工建为目标，围绕中心、服务大局，情系职工、全面履职，团结动员引领广大职工为开创企业高质量发展贡献智慧和力量。

近年来，牡丹集团以中关村数字电视产业园为核心，以“创新基地”和“创业基地”为统领，全面发展科技和信息服务业，成为北京市重要的战略性新兴产业策源地和创意数字科技产业聚集区，获得“全国模范劳动关系和谐企业”“全国工人先锋号”等多项荣誉。

牡丹集团是联合国妇女署、国际劳工组织、中国企业联合会推动性别平等项目试点单位。牡丹集团加强顶层设计和长远规划，出台相关制度政策，充分考虑两性的现实差异和女职工的特殊权益，在就业机会平等、职业发展机会平等、薪酬待遇平等方面均无歧视行为；在生育保护、帮助职工平衡工作和家庭责任等方面都有重要举措。

近年来，为了帮助职工更好地平衡工作与家庭的关系，提升职工敬业度，激发职工的工作积极性和创新创造潜能，吸引和留住更多优秀人才，助力企业提高生产效率和市场竞争力，牡丹集团致力于探索建设家庭友好型工作场所，先后实施了一系列政策和计划，并取得了良好的效果。

首先，面向职工子女开展“牡丹小先锋”系列活动。发挥牡丹集团作为北京市科普基地、北京市海淀区新时代文明实践基地、北京市花园路街道新时代文明实践基地的优势，调动公司资源，陆续开展了牡丹科技成果体验、昆虫嘉年华、观星科普讲座、全息节目演出等亲子科普活动；组织职工及子女加入志愿者服务队，开展志愿者植树、清理垃圾、捐书、学雷锋等志愿者活动；常规化开展以故宫、中国国家博物馆、首都博物馆、北大红楼特展为依托的研学活动，拓宽孩子及家长的知识面；定期开展国企探秘、骑行、徒步、手工等社会实践活动，提升孩子的各项能力。通过“牡丹小先锋”系列活动，为职工家庭创造了更多的亲子共处时光，增进了亲子和家庭关系和谐，同时在活动中融入各种学习和

牡丹集团花园志愿团启动

成长的内容，帮助职工子女在多元化的活动中全面发展，提升他们的综合素质和能力。这些活动得到职工的一致好评，不但实现了职工兼顾工作和家庭责任，为促进职工家庭和谐以及良好亲子关系的建立作出积极贡献，也为职工子女的成长助力，让他们在未来的道路上走得更稳健、更充实。

其次，实行弹性工作时间和夏、冬令时工作时间。工作时间按照两个时间段执行弹性工作制，职工上班时间在8：30之前，下班时间为17：30；上班时间在8：30至9：00，下班时间为17：30至18：00，这为职工提供了更大的工作时间弹性，使他们能够更好地照顾家庭事务。这项政策得到了职工的积极反馈，他们对于能够与家庭成员一同

牡丹百里画廊骑行活动

用餐、接送子女或者参与子女学校活动又不必担心影响工作而感到满意。

再次，推行集中休年假政策。暑期是一年中最炎热的时间，正值学生放假，集团从职工需求出发，为职工统一安排带薪休年假时间，让职工充分调整自己的生物钟，放松身心，恢复精力，提高工作效率。对于平时工作忙碌的职工来说，集中休年假意味着有更多的时间陪伴家人，促进家庭关系，增添生活乐趣。这项政策不但给职工提供了更长的连续休息时间，帮助他们调整生活节奏，而且保证职工能够如期休假，保障职工的家庭时间不被工作挤占，有利于职工平衡工作和家庭责任。

最后，关爱职工的职业健康，营造支持性和舒适性的工作环境。每年为职工提供全面健康体检，根据职工性别、年龄、岗位性质等特点，为职工提供预防性的健康措施，并从年度健康检查资料分析与问卷统计中了解职工目前的健康风险；设立健康管理师，为职工提供个性化的健康咨询与指导；调动集团资源，协调周边优质医疗机构走进园区为职工提供义诊活动。此外，牡丹集团通过硬件环境设计，设置风格活泼的讨论室、接待室等，主动营造更具支持性、更容易激发职工创意的友好工作环境，帮助职工缓解工作压力和焦虑情绪，潜移默化地提高职工的工作效率，增进团队合作默契。

综上所述，牡丹集团通过开展“牡丹小先锋”系列活动，实施弹性工作时间和夏、冬令时工作时间，推行集中休年假政策，关爱职工职业健康，营造具有支持性和舒适性的工作环境等举措，为职工提供更好的工作体验，帮助职工更好地平衡工作和家庭的关系，提高职工的工作效率和满意度、忠诚度，从而增强企业竞争力，促进企业劳动关系和谐和可持续发展。

滴滴建设家庭友好型工作场所的具体实践

北京嘀嘀无限科技发展有限公司

北京嘀嘀无限科技发展有限公司（以下简称“滴滴”）重视女性员工的成长和权益保障，率先成立了女性员工组织，致力于营造女性友好、家庭友好的多元包容型职场环境，围绕理念态度友好、职业发展友好、照护支持友好、生育保护友好、工作安排友好、职业健康友好六个标准，制定和发布了系列惠及女性职业发展、职场性别平等以及家庭友好的政策和活动项目，提升了员工的发展感、成就感和幸福感，营造了有温度、有关怀的职场氛围。

一、理念态度友好

2017年3月29日，滴滴女性联盟（DiDi Women's Network，以下简称“DDWN”）成立，以“做更好，做自己”（Be Great，Be You）为口号，旨在激发公司多元文化，推动高潜能女性更快成长，创造更有利于女性职场发展的工作环境。

DDWN 成立以来，一直致力于制定和发布惠及女性的政策和项目，帮助职场女性更好地发挥自身潜能，成为更好的自己。

滴滴举办了女性主题月、多元包容月，推动建设多元包容的职场环境。每逢“三八”国际劳动妇女节、母亲节等节日，DDWN 联合各部门举办各类专题活动，邀请职场妈妈、职场爸爸共同上阵，分享和交流彼此在家庭和职场上的经验，帮助他们在组织中找到同行人，在生活上积极地相互引导和鼓励，在心理上给予有力的支持和帮助。

滴滴女性领导力计划第四期活动

二、职业发展友好

滴滴关注女性员工的职业发展以及工作与生活平衡话题，为女性员工提供多渠道的自我展示与分享互助，共建关怀、有爱、互助的女性职场发展环境。

2022年，DDWN开展了一项关于员工状态的调研，调研发现，滴滴女性员工普遍追求“工作与生活平衡”，这也是女性员工发自内心的选择。其中，参与调研的女性员工认为“工作专业能力提升”和“兴趣爱好培养”是提升自身状态最主要的两种方式。

围绕个人成长与职业发展两大议题。DDWN自成立以来，面向不同职业阶段、不同角色的女性员工，围绕职业发展、内在成长、心力提升和女性领导力等关键主题，共发起80余次女性发展及赋能的互动活动，如女性领导力计划、“她成长”计划，等等，覆盖近万名女性员工，帮助她们发掘个人潜能，提升自我认知能力，获得了女性员工的喜爱和支持。

三、照护支持友好

滴滴为员工搭建相互看见、支持与交流的平台。DDWN专门建立了职场妈妈专属交流社区，希望将社区建设成为妈妈们相互帮助和彼此支持的港湾，让她们缓解家庭和育儿的压力，从而以更好的状态投入工作中。

滴滴面向所有员工搭建平衡工作和家庭交流分享平台。2021 年，DDWN 在公司征集关于职场和家庭的交流话题，发布“工作与生活，职场爸爸的动态平衡”“职场妈妈的项目管理——如何兼顾事业与家庭”等交流主题，邀请职场爸爸妈妈分享他们的职场经历和生活经验，彼此交流和启发。

四、生育保护友好

滴滴通过制度建设着力保障员工的生育权益，建立健全休假、医疗保障制度，在法定的婚假、产前检查假、产假、哺乳假之外，还为员工提供了生育补充医疗保险、子女补充医疗保险、生育津贴、配额弹性福利、母婴室和灵活办公等福利待遇，并专门将女职工特殊权益保护写入集体合同，为

滴滴电梯间设置的关爱孕期女性的标识

保障女性权益提供了全面的制度支持。

为了让孕妈妈在职场生活中有舒适安全的体验，滴滴在工作场所基础设施如餐厅、卫生间等，特别设置了孕妈妈专座，并贴心地标识了“孕妈优先”提示，打造了生育保护友好的职场环境。

五、工作安排友好

在滴滴成立五周年当天，DDWN 发布滴滴所有孕妈妈及有孩子的妈妈可每周一天在家办公的政策，与管理者达成共识后，就可以执行每周一天在家办公。弹性办公政策帮助职场妈妈缓解了平衡家庭和工作所带来的压力，从而以更加自如的方式切实解决缺乏时间灵活性的困难。

滴滴工会也为员工搭建了内部交友平台，以农场采摘、脑力游戏、运动会、手工活动、知识讲座等形式，为员工开展丰富多彩的业余活动，提升员工在职场的幸福感。

六、职业健康友好

滴滴定期为员工提供体检，并在集体合同“女职工特殊保护”篇章中明确规定不得安排法律规定的女职工禁忌从事的工作，解决女职工在工作中因生理特点所造成的困难。对于孕期不能适应原工作的女职工，根据医疗机构的证明，予以减轻劳动量或者安排其他能够适应的劳动，并且在企业组织的健康检查中对女职工提供专项检查等。

滴滴从更广泛、更丰富、更细腻的多元包容视角出发，推动女性友好和家庭友好型工作场所的建设。正如一位滴滴女性员工在2022年的调研中坦言，是身边女性朋友的分享帮助她渡过难关，她从滴滴互助有爱的社群氛围中汲取了能量，在女同胞的支持下战胜困难，实现成长。这位女性员工的感触与滴滴坚持关爱女性员工成长的努力密不可分。构建多元包容的职场环境，营造女性员工互助向上的企业氛围，为职场女性提供更广阔的发展空间将是滴滴未来孜孜以求、持续为之努力的方向。

建设理念态度友好型工作场所
提高职工工作生活满意度

中铁十八局集团三公司

中铁十八局集团三公司（以下简称“三公司”）在助力企业高质量发展的征程中，关注职工对品质生活提升的诉求，推动企业从政策源头上帮助职工平衡工作和家庭关系，不断增强职工的职业获得感、幸福感和归属感。

一、充分调研职工需求

身在施工企业，工作流动性大，夫妻两地分居呈常态，儿女的成长难有父母的全程陪伴。就此现状，如何提高职工的幸福指数？如何维护职工的家庭和谐？如何团结职工为促进企业稳定发展贡献力量？自 2011 年起，三公司工会开始思考、探索和尝试开展工作。

三公司工会通过大量走访，全方位了解职工关于夫妻生活、子女教育、父母赡养等方面的需求，进一步掌握职工“想什么、盼什么、需要什么”。调研显示：三公司职工许多属于夫妻两地分居模式，男职工对家庭的照顾很少，甚至妻子的孕产期没有丈夫的陪伴，父母年迈缺少照护。调研了解这些痛点，为后期家庭友好相关制度的制定和理念的形成打下基础。

二、合理制定执行政策

（一）陪产假

在 2011 年底职代会的职工提案征集中，出现了“男职工‘休产假’”的提议。三公司再经商榷，此提议出现在了 2012 年的集体协商会议当中。

“公司的发展与努力提高职工的幸福指数是分不开的”，

2012 年度集体协商会议设立男职工“休产假”议题

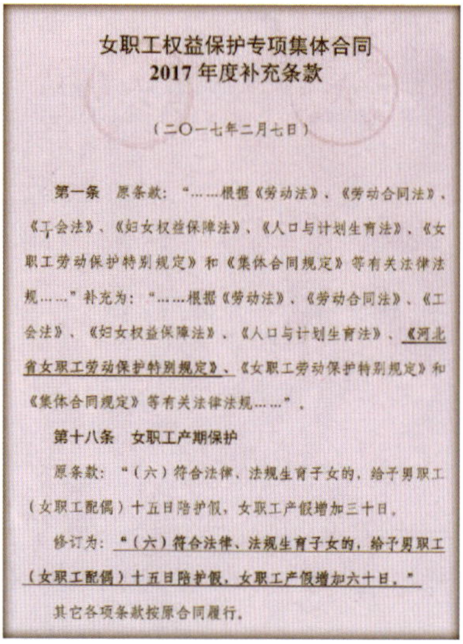

女职工权益保护专项集体合同
2017 年度补充条款

（二〇一七年二月七日）

第一条　原条款："……根据《劳动法》、《劳动合同法》、《工会法》、《妇女权益保障法》、《人口与计划生育法》、《女职工劳动保护特别规定》和《集体合同规定》等有关法律法规……"补充为："……根据《劳动法》、《劳动合同法》、《工会法》、《妇女权益保障法》、《人口与计划生育法》、《河北省女职工劳动保护特别规定》、《女职工劳动保护特别规定》和《集体合同规定》等有关法律法规……"。

第十八条　女职工产期保护

原条款："（六）符合法律、法规生育子女的，给予男职工（女职工配偶）十五日陪护假，女职工产假增加三十日。

修订为："（六）符合法律、法规生育子女的，给予男职工（女职工配偶）十五日陪护假，女职工产假增加六十日。"

其它各项条款按原合同履行。

三公司《女职工权益保护专项集体合同》

公司与职工双方代表终达共识，同意把这一条写进《女职工权益保护专项集体合同》（以下简称《专项集体合同》）。2012 年 2 月，在三公司三届二次职代会上，全票通过了《专项集体合同》，合同第十八条明确规定：女职工生育期间男职工（其丈夫）可享受一周的带薪陪护假。2016 年，《专项集体合同》将男职工带薪陪护假由一周延长至 15 天。至此，三公司出现了首批“休产假”的男职工。此举引领在集团公司范围全面推广和实行男职工“休产假”。

（二）女职工卫生费

为加强对女职工的特殊劳动保护工作，保护女职工的身心健康，三公司工会在充分听取职工意见和建议的基础上，主动维权、依法维权、科学维权，参照各省（市）相关规定，制定卫生费标准，明确提出每月给全公司女职工发放 50 元卫生费的提议，并在 2013 年公司职代会上得到全体参会干部职工的全票通过，成功写入《专项集体合同》。2022年，随着物价上涨，女职工卫生费调整为100元，使女职工深感企业的细微关心，极大地调动了她们的工作积极性。

（三）护理假

当职工成家立业、步入中年之时，他们的父母大部分已年过六旬，步入老年阶段。为了让职工在工作和照顾老人的选择中不再两相为难，三公司工会经过充分酝酿，积极与公司党政部门进行汇报和沟通，在2019年集体协商会议中，经职工方代表与企业方代表平等协商，一致同意将职工“带薪护理假”写入集体合同，助力职工走出“陪护焦虑”，使“忠孝两全”变得更加可行。自2018年起，每年都有将近20人因父母患病而申请长假。

通过协商制定：“凡公司在册职工（含内招职工）的父母年满60周岁以上，罹患《天津市总工会关于设立职工重病关爱资金的实施办法（试行）》规定的38种重大疾病住院治疗期间，其子女可以享受护理假，独生子女的护理假每年累计不超过10天，非独生子女的护理假每年累计不超过7天。护理假期间工资待遇参照年休假标准执行。”此项政策的执行调动了职工回归工作岗位后的工作积极性，并且增强了企业凝聚力，实现了企业、职工双赢。

（四）带薪休假

三公司2015年集体协商会议上，在职工最低工资标准、年工资增幅、保险和各项福利标准“一样不能少”的基础上，把“带薪休假”列入工资集体协商范畴，并把其作为工资集体协商中的一项重要内容写入集体合同，职工可以自主选择时间休假，还照常拿薪。“带薪休假”是职工依法享有的权益，这一制度落地执行，对激发职工工作热情、促进企业发展从而极大地调动全员的生产积极性具有重要意义。职工的小家和谐了，公司这个“大家”才会更和谐，企业发展的脚步也会走得更有力量。

建设理念态度友好型工作场所，企业还要改变事业与家庭公私分明、利益冲突以及清官不断家务事的传统观念。采取丰富灵活的方式，为职工发展与文明家庭共建提供多样性的支持，用更加友好的政策留住职工，助力职工职业技能发展，提高企业凝聚力和职工士气，使企业更具有竞争力，从而吸引人才，并提升企业品牌形象。

精心呵护温暖、温馨、温情的“家”

山西金驹煤电化有限责任公司

山西金驹煤电化有限责任公司（以下简称“金驹煤电化”）成立于 1991 年，主营瓦斯发电和清洁供热业务，目前在岗职工 1179 人，其中女职工 348 人。

近年来，金驹煤电化深入学习贯彻习近平总书记关于注重家庭家教家风建设的重要论述以及党的二十大提出的加强家庭家教家风建设等要求，努力构建“家和万事兴”的友好型企业文化，培育出全公司干部职工精心呵护温暖、温馨、温情的“家”文化。

一、高度重视，全面倡导家庭友好理念

每年通过“道德大讲堂”、文化演艺活动、“文明礼貌月”等载体大力宣传和谐家风建设。每季度进行一次“道德模范”的选树，每年进行一次“文明家庭”的选树，并将选树的过程作为宣传榜样的过程。一年两次开展专题调研，对集体合同（含《女职工权益保护专项集体合同》）的落实情

况进行督导，及时了解职工在平衡工作和家庭责任方面的困难和需求。针对远离老区的发电区双职工，夫妻双方可以有一方调回老区工作。每年还聘请相关专家面向干部职工开展婚姻家庭、家教育儿等方面的咨询和培训，帮助职工提升平衡工作和家庭责任的能力。

二、设立平台，全面建设职业发展友好场所

在选拔基层干部过程中，充分考虑女职工比例，在科队级以上管理人员中，女职工有 17 名。在技术创新工作中，创立的“原海鱼劳模工匠人才创新工作室”成为晋城市首个以女职工名字命名的劳模创新工作室。2022 年，原海鱼被评为公司的“技能大师”、装备制造集团的“榜样人物”，获得“山西省五一劳动奖章”，并得到了相应的待遇。三十多年来，公司在男女同工同酬方面从未发生过一起侵犯女职工合法权益的事件。同时，公司在每年开展职工培训工作的基础上，还加强了女职工安全、技术、产后返岗等培训，给予产后女职工逐步恢复工作的适应时间等支持，使女职工生育返岗得到了保障。

三、亲情关爱，全面营造生育保护友好氛围

严格执行国家、省、市等有关女职工特殊劳动保护的法律法规政策，依法给予经期、孕期、产期、哺乳期的女职工特殊劳动保护，女职工产假期间，其配偶也享受陪护假，

并与在岗人员享受同等薪酬待遇。自 1996 年开始，率先在原晋煤集团执行“女职工孕期、哺乳期经本人申请，可以休长假 1 至 3 年”的规定。自 2019 年开始，根据孕期、哺乳期女职工需要，公司加大了关爱场所资金投入，目前建立了覆盖公司所有发电区的“爱心妈咪小屋”5 个。在满足女职工“四期”保护需要的同时，还为中午回不了家的女职工提供了舒适的午休环境，在营造生育友好型和谐企业方面发挥了积极作用。

四、保障待遇，全面落实照护支持友好待遇

在落实生育奖励假、父母育儿假等法规政策方面不折

《山西省女职工劳动保护条例》宣讲活动

不扣。2017 年，率先将为生育女职工发放一次性营养补助写进《女职工专项集体合同》。截至目前，已为符合条件的 86 名女职工发放一次性营养补助合计 133032 元。2021 年，根据《山西省人口和计划生育条例》，将子女不满 3 周岁，夫妻双方所在单位分别给予每年 15 日的育儿假写进了《工资专项集体合同》。2023 年，公司依据装备制造集团工会修订后的《女职工专项集体合同》，执行夫妻双方每月发放不低于 200 元的婴幼儿保教费。为符合条件的 98 名职工发放婴幼儿保教费共计 144400 元。

五、合理调配，全面做好工作安排友好服务

在新冠肺炎疫情防控期间，设置职工错峰上下班、调整工作时间、居家或远程办公等灵活工作方式和家庭照护假期。2023 年，公司又为有需要照顾无自理能力的家属、入托前子女的职工建立了专门台账，给予“上班时间可适当晚一小时到岗”的特殊照顾，切实帮助职工兼顾了家庭责任和个人生活。近几年来，公司有职工在休息期间意外病亡或卧床长期昏迷的情况，对此金驹煤电化党政工部门均从组织层面予以强力保障，不仅及时慰问并送去急需品，而且制定一人一策的长效帮扶措施。

六、引导教育，全面加强职业健康友好保障

每年坚持严格按照健康教育服务规范要求，采取发放

宣传资料、设置宣传栏、举办健康教育讲座等方式开展职工健康教育宣传培训和年度职业健康体检、妇科疾病普查等工作。严格遵守女职工禁忌从事的劳动范围规定，配备劳动防护用品，减少瓦斯发电职业因素对生殖健康的影响。从1996年起，公司每两年开展一次妇科疾病普查，从2011年起，坚持每年开展一次从未间断。2008年以来，坚持每年组织关爱女性卫生保健知识讲座及职工心理健康咨询讲座不少于两场，满足了职工的身体、心理健康需求。

近年来，金驹煤电化通过建设家庭友好型工作场所，在瓦斯发电特色产业内涵式高质量发展中，维护了女职工权益，保障了女职工待遇，激励了女职工成才，关爱了女职

山西省煤矿工会送心理关爱活动到基层

工健康。

建设家庭友好型工作场所已成为金驹煤电化帮助职工协调工作和家庭生活的强有力举措。当前，随着全面“二孩”“三孩”政策的相继实施，以及人口老龄化逐渐加剧，金驹煤化电将进一步推动企业职工平衡“工作—家庭”关系的工作做细，持续将建设家庭友好型工作场所的工作做稳做实。

践行“双关心、双成长”理念
全力构建事业发展和职工成长命运共同体

中国第一汽车集团有限公司

中国第一汽车集团有限公司（以下简称“中国一汽”）是国有特大型汽车企业集团。前身为第一汽车制造厂，是国家“一五”计划重点建设项目之一。现有职工13万人，其中女职工1.5万人。2020年7月23日，习近平总书记视察中国一汽，“风景这边独好”的充分肯定，着力“掌控关键核心技术”“树立民族汽车品牌”“打造世界一流企业”的发展要求，极大地激发了全体干部职工的信心和斗志，成为一汽人奋勇前行的不竭动力。

近年来，中国一汽在取得高质量发展的同时，始终坚持“以人民为中心”的发展思想，贯彻“惠职工”战略，积极践行“双关心、双成长”理念，聚焦解决职工多样化、个性化需求，精准发力，特别是在建设家庭友好型工作场所方面进行了积极探索和大胆实践，为构建和谐稳定的劳动关系、推动改善和提升职工生活品质作出了贡献。

一、维护职工合法权益，坚持渠道畅通、政策普及，有效提升职工平衡工作和家庭责任的能力

坚持党对职代会领导，构建“一坚持、双加强、三推进”企业民主管理体系，加强职工代表参与和职工自主参与，推进平等协商集体合同、厂务公开和职工董事职工监事制度。深入开展女职工权益保护专项集体合同工作，严格落实《吉林省人口与计划生育条例》规定的产假、陪产假、育儿假等政策。畅通职工民主沟通渠道，巩固职工提案、“面心实”恳谈会、厂情发布会等传统平台，拓展“员工心声吧”、员工服务热线等线上沟通平台，建立意见建议征集、处理、督办、答复循环工作机制，推动解决职工工作、生活问题百余项，切实维护职工合法权益。大力开展优生优育知识宣传服务，通过在线宣传、知识讲座、现场咨询等方式，切实提高职工优生优育、孕前保健的意识，累计受益6万余人。

二、扎实践行关心关爱，聚力愉悦工作、乐享生活，持续提升职工幸福指数

精准关爱温暖人心，成立中国一汽爱心互助基金，常态化开展大病救助、应急救助、日常救助、子女入学等帮扶活动；关心贫困母亲、特殊儿童和失独家庭，创新开展“关爱贫困母亲，创建幸福家庭”“情系特殊儿童，共享温暖阳

光”“感受关爱温暖，共享一汽阳光”等慰问活动，把党政关怀和工会温暖送到职工心坎儿上。职场关怀鼓舞士气，广泛开展“三八”国际劳动妇女节、六一儿童节主题活动，丰富职工及其子女精神文化生活；精心打造“红旗缘”员工集体婚礼、“红旗情”单身联谊两大品牌活动，提升职工婚恋体验，解决单身烦恼；服务育龄职工，拓展专项健康筛查、中医义诊、心理疏导、哺乳室、子女托管等服务，惠及全体

“红旗缘”员工集体婚礼现场

职工。服务生态持续创新，打造“旗享服务圈”，精心创建“旗意”咖啡书吧、“旗洁”洗护中心、“旗尚”健身中心、“红红旗旗”果蔬店等服务社区、“惠员工”团购系列活动，不断满足广大职工多样化的生活需要。

三、创新赋能成才成长，围绕建功立业、助推发展，全面打造知识型、技能型、创新型高素质职工队伍

强化知识学习赋能，聚焦汽车产业“5+5 化”和数智化转型发展趋势，通过“巾帼大学习”“巾帼大宣讲”等形式，把大学习课堂搬到工厂车间、生产一线，直达班组，参与率100%，持续推动广大女职工提素质、增技能、长本领。激发创新创效活力，搭建成长关怀卡、创新关切卡、创新大会三大创新平台，围绕企业战略、重点项目、重大工程、重大课题等，深入开展“巾帼建新功，奋进新征程”主题活动，近五年，培养选树集团级以上巾帼先进300余人次。强化典型示范引领，运用“两微一抖一钉”等各类宣传平台，传播巾帼故事百余次，用实际行动唱响“劳动光荣、创造伟大”的时代最强音，引导广大女职工对标先进、争当先锋。

新时代，新一汽，新征程，新使命。中国一汽将坚持以习近平新时代中国特色社会主义思想为指导，贯彻落实党的二十大精神、习近平总书记视察中国一汽重要讲话精神，落实中国工会十八大安排部署，深化家庭友好型工作场所建

“旗意”咖啡书吧一角

设，保障职工权益，及时排忧解难，让广大干部职工的获得感、幸福感、安全感更加充实、更有保障、更可持续，为加快打造世界一流的移动出行科技公司作出新的更大贡献！

践行职工至上　共建东安幸福家

中国航发哈尔滨东安发动机有限公司

中国航发哈尔滨东安发动机有限公司始建于1948年，是新中国首批六大航空企业之一，是以研制生产轻型航空动力、航空机械传动系统和航空衍生品为主的航空制造企业。现有职工4956人，其中女职工1184人。公司秉持“企业发展、职工富裕”的理念，最大限度将改革发展成果惠及职工，使职工的幸福指数节节攀升。同时公司工会践行“忠诚党的事业　竭诚服务职工”的理念，在职工“最盼”上用真心，在职工“最需”上办实事，成为职工贴心的“娘家人”。

一、理念态度友好，倡导职工树立家庭责任理念

（一）畅通渠道应诉求

公司高度重视基层声音，通过总经理信箱、职工代表提案、微讯专栏等形式倾听职工诉求，解决职工实际困难。每年开展职工家属进东安活动，通过展馆参观讲解、厂区实地

介绍、家属座谈交流等形式增进家属对职工的理解和支持。

（二）树立新风爱家庭

持续开展以爱岗敬业、勤俭节约、科学教子、孝老爱亲为主要内容的最美家庭评选活动，表彰和宣传了40余个最美家庭典型，让男女职工形成共担家庭责任的理念，树立家庭文明新风尚。

二、职业发展友好，保障职工享有职场平等权利

（一）营造环境强技能

依托劳模创新工作室，破解技术难题，培养高素质人才。广泛开展劳动竞赛、技能大赛、名师带高徒、工匠选树等活动，力促职工提高职业技能和综合素质。

（二）源头保障重权益

通过集体协商，每三年签订一次《集体合同》《女职工权益保护专项协议》，从源头上保障已生育的女职工及其他有家庭责任的职工享有平等的就业和职业发展机会以及福利待遇。公司实行岗位AB角，帮助产后返岗女职工快速适应工作岗位。为解决职工配偶无工作的家庭难题，公司已为近300名职工的配偶安排了工作岗位。

三、生育保护友好，为职工生育提供有力支持

（一）安心生育假保证

执行女职工产假180天，男职工护理假15天，返岗后

都能回到原岗位，且薪酬不降低。女职工在其孩子 18 个月内可享受哺乳假，每天 2 次哺乳时间，每次 30 分钟。生育医疗费和生育津贴均按规定执行，职工生育享有 500 元生育慰问金。

（二）小空间显大爱心

为满足女职工对母婴设施的需求，公司在生产一线单位建设了 3 个母婴爱心室（其中 2 个为省级标准化母婴爱心室），配备了沙发、冰箱、空调等设施，为“背奶妈妈”和孕期女职工提供了安全、舒适、私密的场所。

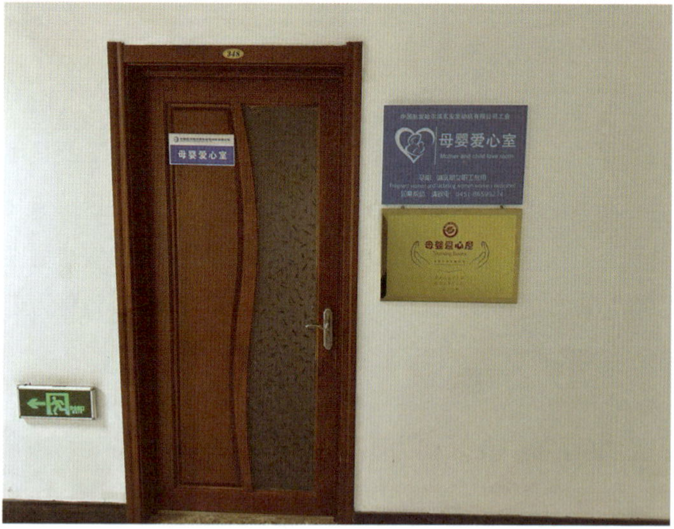

母婴爱心室

四、照护支持友好，帮助职工解决后顾之忧

（一）设立基金暖人心

设立职工爱心医疗互助金、困难补助金、慰问金和遗属救济金，使职工在生病、家庭遇到困难等“最需”时期得到暖心帮扶。2022 年，公司发放“四个补助金”共计 150 余万元。公司除了为职工缴纳五险二金，还为职工购买了意外伤害商业保险，增加“无忧”大保障。

（二）休息休假解心忧

职工享受带薪年休假、婚假、工伤假、丧假、探亲假、停工医疗假等假期，为职工照护子女、老人提供了保障。另外，协调东安幼儿园开办的幼儿托管班有效解决了双职工“无人看娃”的难题。

五、工作安排友好，营造包容性工作环境

（一）工作灵活两不误

生产单位采用倒班工作制，职能部门采用长白班制。通过灵活调整工作班次、加班换休、请假、紧急休假等方式，给职工处理家庭困难提供了方便。新冠肺炎疫情期间，公司实行驻厂、居家灵活办公方式，职工薪酬待遇不减，为职工提供了强有力的生活保障。

（二）特殊保护安人心

注重落实女职工特殊时期待遇，对孕期到产后 7 个月的

女职工，单位主动减少其工作量或将其调到劳动强度低的岗位；对从事有毒有害作业的女职工，在其怀孕、哺乳期间及时为其调整岗位，待哺乳期满后，再调回原岗位。

六、职业健康友好，让职工在身心健康状态下投入工作

（一）畅享美食悦人心

为满足广大职工多元化的用餐需要，提供更加轻松舒适的就餐环境，公司对食堂进行了现代化装修，设置10个特色档口，有200余种餐品可供选择。同时，每月还给职工发放700元用餐补助，全面提升了职工的用餐环境及用餐体验。

公司建设的职工小家

（二）以爱之名护健康

建有文体活动中心，供职工健身、休闲。公司设立20余个文体协会，各协会自主开展活动。每年不定期举办各类球赛、健身挑战赛等文体活动。开通职工心理咨询热线，举办中考、高考家长心理赋能讲座，帮助职工缓解心理压力。每年组织职业健康检查和职工健康体检，并将“两癌”筛查纳入女职工固定体检项目。

公司在家庭友好政策上不断推陈出新，兑现职工的新期待，获得了职工认可和公司健康发展的双赢局面，提高了生产效率，节约了成本，吸引了大批高学历人才。奋进新征程，建功新时代，公司将继续深化家庭友好型工作场所建设，细化关爱措施，提升职工在工作和生活中的安全感、归属感和幸福感，团结全体职工朝着建成世界一流航空制造企业的发展目标不懈奋斗。

你把大飞机事业扛肩上
我把小宝贝成长放心头

中国商用飞机有限责任公司

中国商用飞机有限责任公司（以下简称“中国商飞”）是实施国家重大专项中大型客机项目的主体，肩负着“让中国的大飞机翱翔蓝天”的神圣使命，承担着C919大型客机、ARJ21新支线飞机和C929宽体客机等型号研制任务，现有员工近2万人。公司党委深入学习贯彻习近平总书记以人民为中心的发展思想和党的二十大精神，积极响应国家和上海市相关政策，主动履行社会责任，回应员工“托育难”迫切需求，把托育园建设作为公司党委人才凝聚力建设的重要内容和员工关爱工程重大实事项目以及家庭友好型工作场所建设的重要抓手抓紧抓实、抓出成效。

2018年10月，由上海市教委颁证的首家企业内部员工子女托育园——大飞机金科托育园在上海飞机设计研究院园区内开园。截至2023年底，大飞机金科托育园已安全运营

5 年多，2023 年 5 月，上海飞机设计研究院被授予“全国爱心托育用人单位”称号。

一、托育园基本情况

大飞机金科托育园坐落于浦东新区，室内面积 468 平方米，室外活动场地 850 余平方米，拥有独立厨房配餐。托育园设置 2 个全日制班级，可招收 40 名幼儿，招收范围是中国商飞内部员工 18 个月至 3 周岁子女；配备 1 名园长、1 名保健员、6 名保育人员、1 名具备校园安保资质的保安。

大飞机金科托育园由上海飞机设计研究院提供场地、设施和后续维护，采用第三方社会专业托育机构（上海小龙鱼教育发展有限公司）主体运营，工会牵头组织、统筹协调，员工自主选择、缴费入园的办园模式。托育园秉承“自然、科技、共建”的理念，坚持“用爱养育、用心教育”，营造让家长安心、孩子开心的托育环境，努力办成“孩子开心，家长放心，社会满意”的托育机构。

二、托育园安全顺畅运营

（一）上海市多部门监管是托育园开园运营的前提

按照上海市《关于促进和加强本市 3 岁以下幼儿托育服务工作的指导意见》等文件要求，大飞机金科托育园从取证到运营，全过程接受市、区相关部门严格监管，通过了教委、民政、公安、消防、卫生、食药 6 个政府监管部门的审

大飞机金科托育园班级活动

核，取得了《依法开展托育服务告知书》《食品经营许可证》《民办非企业单位登记证书》等 7 个证照。在日常工作中，托育园接受浦东新区托育指导中心的直接领导和指导，并接受相关部门的监管。

（二）工会用心履职是托育园顺畅运营的坚实基础

在托育园开园和运营过程中，工会全面牵头抓总、统筹协调、重点推进、督办检查，建立健全季度工作联席会、家园协作面对面等机制，构建党政支持、部门协作、员工积极参与的工作格局，有力地保障了托育园的顺利建成和顺畅运营。

（三）协同合作模式是托育园专业运营的有力保障

坚持“专业的人干专业的事”。按照双方协议，上海飞机设计研究院负责托育园场地和设施的建设和维护，承担托育园运营需要的教习玩具、办公用品、日常生活用品等费用，配备具备资质的保安人员。托育园运营机构按照浦东新区教育等主管部门规定，承担运营管理职责，保证托育园幼儿的安全。

（四）筑牢安全屏障是安全运营的重中之重

坚持将安全问题放在首位，把托育园纳入上海飞机设计研究院安全管理体系，每月组织随机性安全巡查。坚持将安全要求落细落小，常态化开展安全教育，强化从业人员安全意识；持续完善技防物防设备，在托育园出入口、活动室等重点场所安装监控设施。

（五）持续推进托育园创优工程是提高办园品质的关键所在

上海飞机设计研究院持续推进托育园创优工程，加强托育园软硬件建设，督促运营方优化师资配备。上海飞机设计研究院把托育园工作人员当成院里的员工一样关心关爱，院领导多次到托育园看望慰问，支持托育园开展劳动竞赛，评优评先，调动保育人员积极性。

三、工作成效

一是有效解决了员工子女入托的后顾之忧，提升了员工家庭幸福指数。先后共有 289 名员工子女入园生活，有效地解决了员工子女“托育难”的迫切需求，降低了托育成本。

二是为中国商飞乃至上海市企业托育园建设探索了新路子、积累了新经验。近年来，中国商飞所属单位又有 3 家托育园建成并正式运营。大飞机金科托育园与上海市其他托育机构加强交流合作，实现资源共享。

三是有利于企业稳定人才队伍，助推大飞机事业发展。托育园建设是回应员工切身需求，真正把企业办出“温度”的重要举措，提升了员工的获得感。不少员工纷纷表示：“大飞机金科托育园办学有责任心，老师展爱心，家长全放心，长辈常舒心，职工很安心。”“作为青年员工尤其是双职工的我们，赶上了好时候。”

“你把大飞机事业扛肩上，我把小宝贝成长放心头。”在后续工作中，上海飞机设计研究院将持续从“深度、力度、温度”三方面下功夫，真正把大飞机金科托育园建设成为职工满意的民生工程、幸福工程，更好地集聚大飞机事业的中坚力量，让大飞机设计师更加心无旁骛地投入型号攻坚中去，助推大飞机事业安全、高质量发展。

积极建设家庭友好型工作场所 以人为本与员工在职场旅程中携手同行

上海携程商务有限公司

上海携程商务有限公司（以下简称“携程”）成立于1999年，现有员工超过3万人，已发展成为覆盖旅游全场景、交易规模全球领先的一站式旅游平台。携程高度关注人口发展与社会创新等问题，坚持呼吁鼓励生育、女性友好和职场关怀政策十余年，积极带头推动携程集团建设家庭友好型工作场所。

一、坚持平等导向，致力消除就业性别歧视

携程坚持落实公平招聘，强调性别平等，给予女性平等的就业机会，减少因性别差异带来的歧视，提高女性决策话语权。携程致力于改善女性员工在职场中的地位，在招聘和晋升中不设性别限制，所有岗位同工同酬，积极吸纳女性员工充实团队，并为她们创造公平的职业上升路径。为了建立更包容、更友好的环境，携程制定了《反性骚扰行为准

则》，明确内部投诉渠道，以期杜绝职场骚扰行为。

根据携程数据显示，在2022年晋升员工中，女性员工占比达52.6%。目前携程所有员工中，女性数量占一半以上，41%的中层员工、1/3的副总裁及以上级别的高管皆为女性。

二、推行“程二代程长礼金”，打造友好生育环境

在鼓励生育的实践中，携程已经走了很久。2015年，携程同时发布了孕期交通费、生育礼金和生育医疗补贴等福利，并在此后陆续增加了孕妇休憩配套设施、辅助生育以及母婴室等10余项福利，在生育福利上年均投入近800万元。据统计，与2015年相比，2022年携程员工家庭新生儿占比增长147%，其中二胎占比增长329%。

2023年6月30日，携程宣布，推出针对全体员工的生育补贴政策——“程二代程长礼金”。自2023年7月1日起，入职满三年的员工，不论性别，每新生育一个孩子，将获得每年1万元的现金补贴，发放至孩子满5周岁为止，相当于为每位新生儿发放5万元大礼包。对于这项政策，携程计划未来投入10亿元生育补贴，用于激励员工生育。这一举措体现了企业对员工家庭幸福的关心与支持，也彰显了企业的社会责任。对于员工而言，意味着可以在平稳发展事业的同时，更加安心地体验家庭生活的美好。另外，这一政策也有助于提高员工对公司的忠诚度和幸福感，进一步激发

员工的工作热情和创造力。

三、探索混合办公模式，打造友好照护环境

混合办公是一场新的办公变革，既能提升生活质量，又能保证工作效率。在国内，携程是率先实际推行混合办公制度的公司。经过 2021 年下半年的实验测试，携程于 2022 年宣布在全公司推行混合办公制度，自 3 月 1 日起，每周三、周五，公司各部门可根据实际管理需求，实行或逐步推行 1 ~ 2 天的混合办公，符合条件的员工可居家或自行选择办公地点。此外，在每年的寒暑假，照护子女不便的员工可以在“带娃进程”小程序上登记后，带小朋友上班。混合办公制度实施以来，在携程上海总部获得了超过 90% 的员工支持，平均每月有 5000 多名员工选择在家办公。

混合办公制度是企业、员工和社会的多赢，不仅能够在不影响效率的情况下提升员工的满意度，还有利于减少交通堵塞，缓解高房价和地区间差异，更有利于家庭和谐、女性职业发展和提高生育率，值得未来在更多企业中推广。

四、关心员工身心健康，打造友好的职业健康环境

携程高度关注员工身心健康，面对庞大的员工体量，携程做出了几乎 100% 的员工福利覆盖。针对员工的福利清单覆盖 6 大类、20 多个福利细分项目，包括假期福利、旅游福利、出勤补贴、携程医务室、健康体检等。在员工文化活

携程·志汇护航梦想教室

动方面，除了常规的年会、员工生日会、运动会、司庆日、团建之外，俱乐部活动、家庭开放日等丰富多彩的文化活动可以全方位满足员工多元化的文化生活需求。

2011 年 6 月，携程推出了“游游互助计划”。该互助计划由携程旅行网工会组织、公司和员工共同建立，帮助遭遇重大疾病、大病手术、因疾病或意外死亡、非工伤意外残疾、住房全损、火灾等困难的员工及其家属。2022 年 5 月—2023 年 4 月，携程共有 15437 名员工参与了“游游互助计划”，公司与个人出资合计超过 300 万元，全年受理了 253 名员工的申请，累计援助金额达 285.6 万元。

为了给广大员工提供更加便捷、更加贴心的健康福利，携程于2023年5月上线“程里好医生”。“程里好医生”是为携程员工提供线上健康咨询和问诊购药服务的专属健康福利平台，通过该平台，每名员工可免费享受电话问诊和在线图文问诊服务，随时随地联系医生进行咨询。“程里好医生”上线短短一个月时间，就得到了全员的广泛关注，解决1000余条图文咨询和数百单电话咨询。

建设家庭友好型工作场所是每一个企业应尽的义务，携程将持续关注人口高质量发展等问题，致力于给予女性更加平等的就业机会，创造更加良好的生育环境、更加合理的工作安排、更加温馨健康的职场环境。

“工健通”结出女职工职业健康“幸福果”

吕巷汽车零部件江苏有限公司

一、基本情况

吕巷汽车零部件江苏有限公司成立于2017年5月，现有职工535名，其中女职工327名，主要生产汽车零部件产品，是国内最大的汽车后视镜生产基地，被科技部授予“高新技术企业”，被江苏省总工会授予“江苏省工人先锋号”。2023年初，公司以“工健通”为载体，提升女职工职业健康幸福感，促进公司高质量发展。

二、具体做法

一是构建女职工健康平台。2023年2月，落实滨海县总工会出台的《关于建立“1+1+N”企业职工健康服务体系的实施意见》，公司与滨海县人民医院签订协议，由院方医疗人员组成健康服务团队，把关爱女职工健康从医院搬到公司，实行驻企服务，开通会诊、转诊直通车。女职工需要的健康咨询、心理辅导、孕期检查、“两癌”筛查以及其他疾病的检查诊疗、会诊、转诊等事项均可在公司办结。

二是建立女职工健康档案。滨海县人民医院用健康体检流动车定期到公司为女职工体检，分别建立个人档案。根据每个人存在的健康风险、疾病治疗情况，及时跟踪回访，调整治疗方案，消除亚健康隐患，提高治疗效果。根据档案，分类进行健康指导，开通一对一专家健康咨询。针对女职工患病较多的病种开设健康讲座，进行科普宣传，普及健康知识，提高女职工的疾病预防能力，帮助女职工树立预防和治疗相结合的理念。

三是强化女职工健康管理。按照滨海县人民医院驻企健康服务团队的建议，公司在企业管理中突出对女职工的健康管理，分类施策。对有情绪障碍倾向的女职工及时进行心理疏导，帮助女职工走出心理阴影；对孕期女职工调整劳动强度大或接触有害物体的工作岗位，不安排大夜班或超时加班。组织女职工开展棋类、球类、拔河、田径等体育比赛。指导职工食堂每两天调整一次食谱。改善女职工生产环境，在高温季节发放劳保用品和营养食品，将女职工健康知识宣传常态化。

四是打造女职工健康阵地。公司建立以女职工健康驿站为基础的康乃馨服务站，明确专人值班，每天对女职工开放，将健康服务团队的专家姓名、联系电话公布上墙，供女职工选择。在康乃馨服务站还设立“健康聊聊吧”“健康书籍阅读书角”等场所，创设舒心暖心的环境，使女职工化解心理压力和学习健康知识有去处，起到“一扇门进入，一揽子收获”的效果。

三、主要成效

一是强化了女职工健康保障。以前，因为公司离县城较远、看病耗时长，女职工就医不方便，有了“工健通”，解决了女职工看病难的问题。2023 年以来，滨海县人民医院驻企健康服务团队在公司内帮助女职工办理预约挂号、专家会诊、转诊等 116 人次，进行体检、心理辅导、“两癌”筛查 327 人次，建立健康档案 316 份，为女职工提供了健康保

女职工健康阅读活动

障。女职工李某在体检时查出患有乳腺癌，驻企健康服务团队随即帮助其联系上海一家大医院办理住院手续，仅 5 天就做了手术，不到 2 个月就基本康复了。

二是壮大了女职工队伍。公司属于制造业企业，在招聘女职工时存在一定的困难，实行“工健通”后，不少女职工看到公司给予的健康实惠后，纷纷从外地来公司求职。2023 年 3 月，公司总装车间需要招聘 60 名女职工，《招工简章》一公布，当天就完成招工任务。女职工孙玉春原来在省外一家大企业上班，工资福利很高，当她看到公司《招工简章》后，立即到公司应聘。她说：“在企业上班，工资福利高固然重要，但追求身体健康更重要。”

心理咨询师徐瑶（左）面对面为女职工作心理访谈

三是激发了女职工奉献热情。公司保障女职工身体健康，激发了女职工为公司发展奉献的热情。公司销售部王某在体检时发现脑梗死，驻企健康服务团队专家立即对她进行治疗，目前已康复。她说："不查不知道，一查吓一跳。如果不是公司关心女职工健康，我会出大问题。公司为我着想，我也要为公司积极奉献。"2023 年以来，她带领 6 名销售员奔波于全国 11 个客户单位，共销售汽车后视镜 10 万套，比 2022 年同期增加 3 万套，满足了公司的生产需求。

“六个友好”在身边　幸福女工在永卓

永卓控股有限公司

永卓控股有限公司（以下简称“永卓控股”）现有员工1万余人，其中女职工1969人，女性技术技能人才1200余人，其中中级工640人，高级工81人，技师3人，高级技师1人。永卓控股通过实施一系列促进工作场所性别平等、构建和谐稳定的劳动关系、建设家庭友好型工作场所的具体措施，带领女职工在推动企业转型升级的实践中撑起“半边天”。

一、理念态度友好

在近40年的发展历程中，永卓控股始终坚持“职工无小事”的理念，充分发挥工会的桥梁纽带作用，关注职工、关心职工、关爱职工。一是建立沟通机制，定期开展调研。关心职工日常生活，不断优化后勤管理，完善职工的吃住行服务。开展“倾听员工心声”专题调研，常态化开展主席接待日活动，通过各方渠道及时了解职工在平衡工作和家庭责任方面的困难和需求，精准解决职工最关心、最直接、最现实的急难愁盼问题。2022 年收集处理职工各类需求和建议共 6 类 17 条。二是细化帮困标准，落实精准帮扶。完善《重大疾病慰问标准》《职工及家属去世慰问标准》《困难职工帮扶标准》等帮扶标准，对于身患重病、直系亲属离世以及家庭生活困难的职工家庭给予相应帮扶。2022 年，帮扶困难家庭 23 户。三是了解职工动态，坚持“四个必到”。坚持职工新婚必到、职工生病必到、职工退休必到、职工去世慰问必到。2022 年，慰问新婚职工、生病职工、退休职工及去世职工共计 213 人。

二、职业发展友好

一是完善管理体系，保障职业发展。建立分类分层人才培训体系，人均年学习近 30 小时。每年近 300 人参加技能等级提升培训考试并领取技能津贴。划分管理类、技术业务类、操作维护类职业发展路径，职工通过岗位轮换与内部竞聘，在三条通道之间合理流动，满足职工全方位发展需要。2020—2022 年，通过内部竞聘晋升职工 247 人。二是开展返岗培训，守护女职工权益。各单位必须保障女职工生育假期结束后可返回原岗位或工资相同岗位，同时为其提供相应的返岗培训，减轻女职工返岗压力。考虑女职工孕期、哺乳期的禁忌工作范围，企业会根据部门的实际情况，予以减轻劳动量或安排女职工能够适应的其他劳动，为女职工劳动安全卫生和身心健康保驾护航。

三、生育保护友好

一是依法保护女职工权益。每年定期组织集体协商，签订集体合同和女职工权益保护专项合同，严格执行国家有关女职工劳动保护的法律法规，依法对经期、孕期、产期、哺乳期的女职工给予特殊劳动保护，依法为职工提供产假及陪产假、生育医疗费用和生育津贴。2022 年度，企业将女职工产假延长至 158 天，累计下发生育津贴 163 万元。二是时刻关注女职工需求。企业从女职工最关心、最直接、最现实的利益出发，以职工服务中心为依托，建立康乃馨服务站，设立妈妈驿站 6 个，配备冰箱、微波炉、储物柜、哺乳室等设施，为新手妈妈营造温馨舒适、轻松愉悦的休

怀孕的烟尘监控员在工作岗位

息环境；以职工书屋为载体，建立康乃馨宣传教育区，定期组织读书分享会和理论学习培训；以职工体检中心为阵地，打造心灵驿站，每季度为职工开展一场心理咨询活动，全面发挥阵地的各项功能。

四、照护支持友好

一是托育照护保障。根据地方相关规定和单位实际情况，落实生育奖励假、父母育儿假等，根据职工需求，为职工提供福利性托育、托管等照护服务。职工子女暑期夏令营连续举办 8 年，为近 3000 个家庭提供托管服务，被全国总工会评为“全国工会爱心托管班”，荣获“2023 年张家港市青少年暑托班特色办班点位”认定。二是住房照护保障。

永卓控股职工子女暑期夏令营结业典礼

企业投资超6亿元，为职工打造高标准人才公寓2200余套，为外地职工提供员工宿舍、夫妻房、廉租房，解决异地务工人群的住房问题，职工可免费拎包入住，为在外拼搏的奋斗者们打造美丽温馨的家园。公寓挂牌张家港市女性人才公寓。三是教育照护保障。本着稳定职工队伍、切实解决职工子女暑期无人照顾问题，企业成立“四点半学校”“放心班”，帮助职工接送子女，缓解职工家庭暑期“看护难”问题。

五、工作安排友好

企业工会推动各单位结合实际，设置错峰上下班、调整工作时间、居家或远程办公等灵活工作方式和家庭照护假期，明确职工使用条件和期限，帮助职工兼顾家庭责任和个人生活。居住在交通堵塞严重地区的职工可在本职工作能够顺利完成的情况下，将工作开始时间延后一小时；根据季节转换，设置夏季下午1：30—5：00、冬季下午1：00—4：30两种工作时间，为职工方便合理地安排业余时间提供了条件。

六、职业健康友好

一是实施定期体检制度，保障职工身体健康。定期组织开展女职工专项体检，2020年至2022年累计服务3913人次，并邀请专业医师一对一帮助女职工“读懂”体检报告；

建立职工健康数据库，为每位职工打造一个“健康管家”，并做好随访、督导等健康跟踪管理；举行女性健康专题讲座，邀请相关领域的专家为女职工普及健康知识。此外，工会为全体职工购买苏州互助互济保险，并专门为女职工购买女职工专项保险；联合永联为民基金会，鼓励和动员女职工购买“福村宝”，为女职工健康提供保障。二是定期组织心理讲座，保障职工心理健康。定期邀请相关领域的专家为职工普及心理健康知识，增强自我保护意识。打造职工心理咨询室，成立“心理气象员”队伍，聘请心理咨询师团队为职工提供心理健康宣教、咨询和辅导等贴心服务。三是创新文体活动形式，丰富职工文化生活。组建锣鼓队、龙狮队、舞蹈队、合唱队 4 支文艺队伍，篮球、足球、网球、跑吧等 7 支体育队伍，并定期组织文体活动和赛事，大力丰富职工的业余文化生活，涵养崇尚文明的文化底蕴。2022 年，改造重建永联文体馆，配置游泳馆、健身房、器乐室、篮球场等 12 个运动区，以供企业职工及永联村村民自由使用。

医育结合　善育在杭

杭州市妇产科医院

杭州市妇产科医院（杭州妇幼保健院）（以下简称“杭州市妇产科医院”）秉持“家文化”理念，积极推动家庭友好型工作场所建设，助力生育友好型社会建设，于 2021 年开设职工子女托育中心，用心呵护“医二代”成长，旨在帮助职工平衡工作与家庭，构建和谐的劳动关系，推进职工队伍团结稳定、凝心聚力，助力医院高质量发展。

一、基本情况

杭州市妇产科医院是杭州市卫生健康委员会直属的集医疗、保健、教学、科研于一体的三级甲等妇产科专科医院，先后被评为“全国爱心托育用人单位”“国家级母婴安全优质服务通报表扬单位”“母婴友好医院”等。

杭州市妇产科医院职工子女托育中心（以下简称“职工子女托育中心”）位于医院行政楼 1 楼，建成时间为 2020 年 11 月 30 日，开园时间为 2021 年 2 月 22 日，是医院与第三方合作的普惠型托育机构，费用2400元/月。室内面积210平方米，室外面积260平方米，托位数37个，开设托大班1个和混合班1个。园区内设有两个教室，配餐区、餐厅、保健室、盥洗室和母婴室等一应俱全，融安全和温馨为一体。园区外设有泥巴厨房角色区、自然艺术创作区、玩沙区、种植区，让孩子在自然环境中自由活动和体验，培养孩子的探索能力、动手能力和沟通能力等。职工子女托育中心的设立正是医院践行“浙有善育，善育在杭”理念，厚植“家文化”、加强职工归属感的实践之一。

二、主要做法

（一）借势借力聚资源，发挥优势助托育

职工子女托育中心依托杭州市妇产科医院的资源优势，设立“医养育融合课程”，围绕急救、儿童常见病、保育护理、儿童发展等方面开展专业化、全方位的培训。定期开设家长养

职工子女托育中心的防夹手门、大面积钢化玻璃通透安全观察窗

育课堂，提升家长育儿能力。同时儿童保健科医师为幼儿制定营养均衡的每周带量食谱，膳食营养部根据食谱精心制作餐食后运送至园区，确保食品安全有营养，对有效预防幼儿贫血和肥胖起到了重要的作用。

（二）探索“医育”新模式，制定个性化服务

职工子女托育中心的老师密切关注幼儿成长，详细记录孩子每日在园的饮食、状态和学习情况等，并通过微信和家长一对一进行分享，确保每个孩子在园情况真实客观并清晰可查，同时根据孩子的兴趣图谱制定个性化教学方案，科学评估孩子的发展阶段。

（三）延时托育提质量，安心托育助成长

职工子女托育中心的日常服务时间为早上 7：30 至下午 6：30，但职工子女托育中心和医院工会会根据职工的上下班时间统筹和协调，免费延长每日开园、闭园的时间，切实解决“医二代”看护难的问题。

三、实际成效

（一）聚焦“医育”优服务，获得职工一致好评

杭州市妇产科医院女性职工占 80% 以上，职工子女托育中心的成立极大地缓解了年轻职工的养育压力。孩子入托在“身边”，也缓解了职工对低龄托育和隔代养育不确定性的焦虑，能够安心地回归工作岗位。因此，职工子女托育中心开园以来，受到了职工的广泛好评。

（二）做实“医育”显成效，获得社会高度认可

职工子女托育中心两次接受国家级团队的调研工作，于2021年被评选为杭州市示范性婴幼儿照护服务机构，2022年被评选为全国爱心托育用人单位。

（三）医教融合优托育，实现养护一体化

职工子女托育中心有专业的保育人员，填补了医院儿童早期示范机构没有保育人员的空缺。医教融合，可以更好地设计开发符合0 ～ 3岁儿童生长发育、心理行为发育的养育照护活动，促进儿童早期发展。

杭州市妇产科医院将坚持践行“一切为了妇幼健康，为了妇幼健康的一切”的使命，依托医疗平台融合发展“医育

职工子女托育中心感统运动区

结合”，深入探索“医育结合”服务创新模式，进一步落实园区卫生监测与信息管理，持续开展对 0 ～ 3 岁婴幼儿保健的课题研究、技术培训和咨询服务等相关社会服务工作，致力于把 0 ～ 3 岁职工子女这个“最柔软的群体”照护得无微不至，为职工提供多层次、多样化、个性化、专业化的托育服务，切实提升职工的信任感、获得感和满意度，为打造普惠型嵌入式高品质托育机构提供示范样板。

以家人之名　守护家的温暖

德力西电气有限公司

德力西电气有限公司（以下简称“德力西电气”）始终坚持以人为本、员工至上，创新工作机制，倡导树立家庭友好观念，用心用情帮助职工解决急难愁盼问题，积极推动家庭友好型工作场所建设。现有职工 3100 余人，其中女职工占比超过 50%，获得全国职工教育培训基地优秀示范点、全国“安康杯”优胜单位、浙江省创建和谐劳动关系先进企业等荣誉。

一、主要做法

（一）倡导共担工作家庭责任，建设奉献之家

积极支持职工平衡工作和家庭责任。一是签订《女职工权益保护专项集体合同》。依托平等协商和集体合同制度开展女职工权益保护专项集体协商，维护女职工合法权益，保障女职工特殊权益。二是发挥品牌作用。利用“施大姐热线”“工会主席接待日”等品牌载体，有效发挥“消息树、减压阀、连心桥”作用。三是开展专题培训。聘请婚姻家庭

德力西电气职工职业技能大赛

方面的专家对职工进行培训，帮助职工进一步平衡工作和家庭责任。

（二）营造谦虚好学职业氛围，建设上进之家

多措并举，积极营造公平、公正、公开的工作环境，规范职工晋升、晋级机制。一是依法保障女职工权益，促进就业机会平等、职业发展平等。培育出全国五一劳动奖章获得者吴品华、全国人大代表李杨、全国五一巾帼标兵田冬梅、全国职工创新能手黄蓉蓉等优秀女职工，示范带动广大女职工立足本职建功立业。二是依法保障男女职工生育假期结束返岗后的权益。严格遵守法律法规，职工返岗后待遇不降低。三是为女职工提供产后返岗培训。公司组织实施“储英计划”“DE 家师带徒”“精益大讲堂”等项目，营造谦学上

进的职业友好氛围。

（三）保障女职工特殊权益，建设友爱之家

积极推进各项维护女职工权益、呵护女职工健康、服务女职工需求的温馨服务。一是提供“四期”特殊劳动保护，让女职工在特殊时期能享受到保护和照顾。二是设立“准妈妈专线”，将怀孕的女职工分配到特定的流水线上，根据职工身体状况调配产量，依法落实带薪孕检。三是充分发挥“妈咪暖心小屋”作用，为身处特殊时期的女职工提供干净舒适、可供交流的私密环境。

（四）关爱一老一小，建设温馨之家

依法依规落实假期制度，提供福利性托育、托管等照护服务。公司已连续13年开办德力西电气职工子女暑期爱心托班，让众多德力西电气“小候鸟”们度过充实、快乐的假期。此外，公司还从假期审批、年休、调休等方面为有家庭照护需求的职工提供支持照顾。

（五）支持职工兼顾工作家庭，建设和谐之家

实施灵活的工作形式。经营管理人员施行弹性工作制，依据工作任务完成情况等进行考核，不限定上下班时间与工作场所；一线职工大多施行计件制，完成当天的工作任务后即可下班。这些举措方便职工兼顾工作、家庭和个人生活。此外，还建立了职工配偶、父母、子女重病补助慰问等机制。

（六）关爱职工身心健康，建设健康之家

致力于让职工体会到家的温暖，采取多项举措保障职工

健康。一是关注职工身体健康。定期开展劳动安全和职业健康宣传教育，常设女性生殖健康讲座，开展育龄职工优生优育讲座，为女职工提供“两癌”筛查，组织全员体检等。二是关注职工职业环境健康。持续改善车间班组环境，努力消除影响职业安全的各类因素。三是关注职工心理健康。弘扬“同关爱　共成长”理念，组织开展节假日团体活动，丰富职工业余生活。

二、实际成效

（一）品牌服务，营造良好的职场环境

打造多个职工服务品牌解决职工难题。“施大姐热线”每月接听职工电话 100 余个，问题解决率高达 92%。三年

德力西电气组织“她们在春天与美好撞个满怀”活动

来，成功帮助 421 名外地职工子女解决了入学难问题，成功调解职工夫妻矛盾 150 余例。“准妈妈专线”使超过 1000 名职工受到关怀。职工子女暑期爱心托班已累计托管 4500 余人次，投入资金 700 余万元。“妈咪暖心小屋”共接待女职工 2 万多人次，是温州制造业首家对社会开放的母婴室，获评温州五星级“妈咪暖心小屋”。

（二）示范引领，提供和谐劳动关系范本

始终致力于创建平等、高效、和谐、共赢的劳动关系，关爱一老一小，支持职工兼顾工作家庭，关爱职工身心健康及困难职工帮扶等。过去三年，已累计帮扶 416 户困难职工家庭，发放帮扶资金 135.4 万元，真正体现了企业的温度，为周边企业提供了和谐劳动关系范本。

三、经验启示

人口发展关乎中华民族伟大复兴，只有多方合力，才能让育龄人群感受到友好，想生且敢生。只有始终秉持建设有温度企业的理念，在夯实工作基础的同时，不断创新工作机制，推出更有利于职工平衡工作和家庭关系的举措，深化家庭友好型工作场所建设，全心全意服务职工，才能持续增强企业的凝聚力、向心力和战斗力，实现和谐、稳定、高质量发展。

共建“六个友好”工作场所 共创和谐幸福企业

安徽尧舜智能袜业有限公司

一、基本情况

安徽尧舜智能袜业有限公司是一家集研发、生产、销售、进出口贸易于一体的大型袜类综合性国家高新技术企业，获得“全国爱心托育用人单位”等荣誉。

二、主要做法

（一）理念态度友好

实施职工家庭家访机制，由工会组织职工所在部门负责人每年适时对职工家庭进行家访，及时了解职工在平衡工作和家庭责任方面的困难和需求，建立《员工关怀慰问制度》，关爱项目包括职工生日蛋糕、生病住院慰问、直系亲属丧事慰问、职工子女升学奖励及职工家访等。2022 年，落实疾病等关怀慰问25人次，共支出1.2万元；落实职工子女升学奖励16人，共奖励2.6万元；共走访职工家庭400余人次。通过系列关怀行动，在岗职工得到了家人们更多的理解与支持。

（二）职业发展友好

组织开展袜业纬编工职业技能竞赛、职业技能等级认定，培育挖掘优秀技能人才，畅通业绩表现突出职工的晋升通道，每年稳定带动就业300余人。结合“三八”国际劳动妇女节、女职工普法宣传月、“五一”国际劳动节等重要时间节点，为职工开展《民法典》《妇女权益保障法》《女职工劳动保护特别规定》以及家庭家教家风专题知识讲座，引导职工和用人单位遵纪守法，增强法律意识和维权意识，保障职工合法权益。女职工产后全部返岗至原岗位，并持续享受提高年度工资的待遇。

（三）生育保护友好

依法对在孕期、产期、哺乳期的女职工给予特殊保护，依法提供产假及陪产假、生育医疗费用和生育津贴。根据孕期、哺乳期女职工的需要，设立了女职工休息哺乳室、孕妇休息室，为孕期、哺乳期女职工提供指导和支持。

（四）照护支持友好

2021年6月，投资创办正时托管托育服务中心，为职工适龄子女提供托管托育服务，包括校外托、暑假托、寒假托等，公司间接补贴托管托育资金支出50余万元，切实解决了职工子女看管难题，真正实现了“带娃就业两不误”，至今约有100名职工普惠受益。2023年，公司及正时托管托育服务中心分别获评“全国爱心托育用人单位”“安徽省工会女工家园”“池州市级示范托育机构”。

正时托管托育服务中心活动

（五）工作安排友好

常年面向社会开展职工招聘，对新入职职工开展岗前集中培训，帮助其更好地适应工作岗位。针对县城内陪读妈妈特殊群体，公司设置专岗开展女性专场招聘，建立女职工定时标准弹性工作制，即只要每天工作时间累计达到公司标准，上下班时间可自行安排，以方便职工最大限度地兼顾家庭和照顾子女，切实帮助职工实现就业带娃两不误。针对子女处在幼儿园阶段的女性就业需求，公司还特设6小时临时工作岗，努力帮助女职工实现就近工作。

陪读妈妈专场招聘会

（六）职业健康友好

公司坚持每年定期为职工开展专项健康体检，积极为女职工争取免费“两癌”筛查福利。2022年，公司获评首届“池州市健康企业”，3人被授予“池州市职业健康达人”。

三、经验启示

安徽尧舜智能袜业有限公司坚持“以奋斗者为本”，坚守“忠诚敬业，科技创新，生产名品，奉献社会”的企业宗旨和初心，以“六个友好”优化职工权益保障，加强职工思想引领和关爱服务，引导职工提升技术技能，立足岗位建功立业，扎实推进建设家庭友好型工作场所，赋能企业及经济社会的高质量发展。

以殷殷人本关怀　为职工解决后顾之忧

九牧王股份有限公司

九牧王股份有限公司（以下简称“九牧王”）成立于1989年，专注生产男裤，曾获得“全国模范劳动关系和谐企业”“全国模范职工之家”等荣誉。

一、主要做法

（一）理念态度友好

九牧王将建设家庭友好型工作场所作为企业文化的一部分，将职工的家庭需求放在重要位置，将职工培训、休息休假等列入职工手册，通过内部宣传和培训，向全体职工传达和强调家庭友好型工作场所的理念和态度。这种理念倡导使得职工在工作中能够更深入地理解和实践家庭友好型工作场所的建设。公司设有总经理信箱，每年开展职工沟通会，听取一线职工的心声，建立畅通友善的组织沟通机制。定期开展“家庭活动日”，邀请职工家属、子女到公司参加亲子体验活动，帮助职工平衡工作和家庭责任。

（二）职业发展友好

为了让职工拥有良好的发展空间，公司在为每个岗位设计晋升通道的同时，还建立了不同岗位之间的流转通道。通过选拔任用、公开竞聘等方式拓宽选人用人渠道，促使年轻的优秀人才脱颖而出，每年开办“启航班新经理训练营”，培养后备干部，为职工成长成才搭建职业发展通道。公司坚持男女同工同酬，在晋级、晋职等方面坚持男女平等，公司女职工占比60%，中层及以上女干部占比65%，女职工生育假期结束后可返回原岗位或安排工资相同的岗位，提供产后返岗培训，帮助女职工产假后顺利返回工作岗位并胜任工作。女职工产后返岗可享受哺乳假，哺乳期内还可以申请临时住房，方便家属陪护照看孩子，使女职工能够更好地兼顾工作和家庭。

（三）生育保护友好

每年生育子女的女职工近100人，公司提供产假及陪产假、生育医疗费用和生育津贴。为满足女职工的特殊需要，公司设立“妈妈小屋”，配备冰箱、微波炉等设施，为产后回归职场的女职工提供母乳喂养支持，成为女职工健康交流、育婴分享、放松心情的温情驿站，于2018年被福建省总工会、福建省卫健委命名为省级“我最喜爱的妈妈小屋”。

（四）照护支持友好

从2011年起设立“工会爱心托育园”，现有面积约

500平方米，随着“二孩”“三孩”政策全面施行，托育园在册职工子女200多人。根据职工需要设立暑托班，延伸服务学龄前幼儿、小学生，为孩子自主学习、自主探索创造了良好的活动空间。因公司双职工较多，为了便于职工照顾子女，公司在园区内建设夫妻房共约200套，供双职工拎包入住。公司工会及时对因病、因事致困的职工进行困难补助，缓解职工家庭困难；每年对有困难的职工子女大学生进行助学资助。

（五）工作安排友好

依法落实年假制度，同时执行外地职工探亲假，职工可以享受往返交通费报销，可以根据家庭和个人需求灵活使用

职工子女暑托班

趣味运动会

假期，以帮助职工承担紧急的照护责任。公司为职工提供灵活的工作时间和地点安排，根据工作性质，部分岗位（如哺乳期女职工）实行弹性工作时间及远程办公。职工有安排工作时间的自主性，能兼顾家庭责任和个人生活。

（六）职业健康友好

为职工提供舒适、整洁、绿色的工作环境，智能生产车间被认定为“国家级绿色工厂”。注重职工的身体健康，每年组织全体职工进行健康体检，且体检标准逐年提高，同时为职工购买医疗互助保险及女职工特殊病种医疗互助保险。组织开展丰富多彩的职工文体活动，因地制宜高质量建设职工之家，内设职工书屋、心理舒缓室、健身房等，让职工能够在工作之余放松心情，保持身体健康。在园区内设立“爱心医务室”，方便职工看病就医，配备爱心药箱药品，开展职工健康义诊活动，帮助职工解决看病难的问题。

二、取得成效

首先，职工的工作满意度大幅提升。职工通过家庭关怀举措及时获得了家庭支持，缓解了家庭问题带来的压力，工作状态更加稳定。其次，职工的工作效率明显提高。灵活的工作时间和地点使职工能够更好地平衡工作与家庭的关系，减少了工作压力，增强了工作积极性和创造力。此外，职工的忠诚度和凝聚力也得到了明显提升。职工愿意与九牧王共同成长，为公司的发展作出更大的贡献。

三、经验启示

一是重视职工需求。建设家庭友好型工作场所需要充分考虑职工的需求和实际情况，制定相应政策和措施。

二是灵活适应变化。随着社会的发展和职工需求的变化，公司需要不断调整和改进家庭友好型工作场所建设政策，保持与时俱进。

三是全面落实政策。制定好的政策只有在全面落实的基础上才能取得成效，公司需要加强管理与执行力度，确保政策能够真正惠及职工。

当前，在企业转型发展的新形势、新要求下，九牧王将通过打造温馨和谐的工作场所，开展丰富多彩的职工活动，解决职工所急所需，倡导和支持树立家庭友好观念，帮助职工缓解“工作—家庭”冲突。

让职工享有更多暖心服务

航空工业昌河飞机工业（集团）有限责任公司

航空工业昌河飞机工业（集团）有限责任公司（以下简称“昌飞公司”）始建于1969年，隶属于中国航空工业集团公司，现有职工6000余人，多年来，昌飞公司践行“以人为本”的管理理念，深入实施职工关爱行动，用心、用情、用力为职工做好事、办实事和解难事，着重解决职工急难愁盼问题，帮助职工平衡工作和家庭，不断增强广大职工的获得感和幸福感，有效促推和谐幸福昌飞公司建设。

一、做实源头维护，助力职工成长

为切实维护和保障职工合法权益，结合职工诉求，根据《劳动法》《女职工劳动保护特别规定》等法律法规，昌飞公司将帮助职工平衡工作和家庭责任的措施内容纳入职工集体合同和女职工权益保护专项集体合同当中，每三年按照程序组织签订集体合同和女职工权益保护专项集体合同。以签订女职工权益共保协议的形式，对“四期”女职工给予特殊保护和适当照顾，确保女职工孕产假、哺乳假、生育医疗费用以及相关生育津贴等待遇落实到位。

昌飞公司紧扣企业发展和中心任务，每年坚持开展覆盖全员的劳动技能竞赛和专项劳动竞赛活动，充分发挥职工的主观能动性，为科研生产“排忧解难”。结合女职工特点，开展女职工专项劳动与技能竞赛、女劳模和巾帼标兵的评选，每年举办“她力量，向未来”颁奖文艺晚会。依托幸福驿站阵地建设，开展以“助力成长成才，关注职工健康”为主题的特色服务活动。常态化开展职工素养提升行动，定期安排公司先进职工赴外地学习考察。

昌飞公司职工技能运动会

二、做强阵地建设，助力职工健康

以满足职工美好生活需要为目标，精心编织职工“关爱网”。建成150多平方米的“职工微家”和多个“爱心小屋”，每季度开展孕产妇保健知识讲座，每年举办瑜伽和健身操以及茶艺、插花、烘焙等沙龙活动，成为真情关心关爱职工的重要阵地。开展职工大健康服务，把健康送到工位旁边、职工身边。开展职工套餐化、个性化体检，彰显人性化服务。公司每年投入500多万元为女职工开展专项体检（含“两癌”筛查）。

连续8年在职工中开展太极拳健身运动，普及推广八段锦、太极拳等10多种项目，发展协会会员和爱好者500余人。多次举办职工千人太极拳比赛和展演活动，公司在全国运动会和省运会上夺得多个太极拳项目金牌以及优秀组织奖，被中国航空工业集团命名为首家集团职工太极拳健身基地。

关注职工心理健康。建成职工心理健康基地，占地400平方米，拥有团队活动区、4D舒压空间等6个功能区，配备压力情绪管理系统、心理测评管理系统等20余套设备。组建专业化服务团队，编制心理健康实用手册，打造一套适合职工的体系化心理培训课程，随时为其提供形式多样的心理健康辅导。在职工中开展“心理关怀、工会有爱”主题活动，从2021年开始运行到现在，基地已服务50多个单位

2000多人次。开辟《音乐相伴》《心理微课堂》等栏目，设置心理健康咨询热线，疏导缓解职工紧张压力。新冠疫情防控期间，利用“智慧职工之家”平台，对职工开展一对一心理咨询热线服务。

三、做优关爱服务，助力家庭建设

开展“知心大姐”红娘志愿者专项服务行动，每年开展四五期单身青年职工联谊活动。开展婚恋交友和集体婚礼一条龙服务，每年为20多对新人举行“情定昌飞、幸福启航”青年集体婚礼，让职工感受到“娘家人”的温暖。

推动解决职工最关心、最直接、最现实的诉求和问题，

昌飞公司托管班

连续多年开展暑期爱心托管、职工子女托育服务，以及日常托管托育延时服务，为职工子女开办书法、舞蹈、绘画等 8 个兴趣托管班，每年有近千名职工享受托管托育延时服务，200 多名职工子女参加暑期爱心托管，有效缓解职工生育后顾之忧。

全面做优职工专项关爱行动，针对公司双职工多、年轻职工多的特点，多方面、多层次组织和谐家庭亲子活动，如线上诵读家风家教经典、展示亲子才艺。每季度邀请专家开展幸福大讲堂和家庭教育课堂，倡导科学健康的生活方式，传播和谐的家庭新理念，为职工更好地投身企业科研生产经营工作创造良好的环境和条件。

营造“建家”文化 打造“暖心”企业

齐都药业集团

齐都药业集团（以下简称“齐都药业”）始建于1976年，1998年改制，现有职工5000余人，产业链涉及药物制剂、原料药和医药中间体、医药包装材料、医用耗材和器械、生物医药、中药与大健康六大业务板块。齐都药业始终秉持“职工都是自家人，企业发展为大家”的以职工为中心的经营理念，聚焦解决职工所急所难、满足职工所需所盼，以用心、爱心、精心服务，推动职工生活品质实现由“基本型、保障型”向“多元化、情感化”提升，营造形成独具特色的“家”文化，积极建设家庭友好型工作场所，职工的获得感、幸福感、安全感更有保障、更可持续。

一、最大广度做实解难帮困，用心点亮“希望之光”

深入实施“爱在齐药”职工关爱工程，广泛深入征求职工意见建议，从工资待遇、婚丧嫁娶、夏“送清凉”、“金秋助学”、伤病探视、困难帮扶、职工荣退、节日慰问、女职工权益等 9 个方面制定落实贴心服务职工的制度，使职工关爱更加丰富化、制度化、规范化，近三年来在这 9 个方面的服务累计投入 1200 余万元。

突出困难职工关爱，定期完善困难职工台账，实行困难职工动态管理，已累计为困难职工发放帮扶资金 20 余万元，有效缓解了困难职工的生活压力。成立职工救助基金会，充分发挥“一方有难，八方支援”作用，对符合条件的职工和家属给予资金帮扶，已累计救助 169 人次，发放救助金 212 万余元。

严格落实劳动保护措施，强化安全生产和职业健康知识培训、应急演练、心理健康培训，为职工缴纳五险一金，购买商业意外伤害险，保证职工安全安心工作。

规范职工健康管理，严格职业健康查体，加强职业病危害因素专项治理，落实女职工“两癌”筛查和“四期”保护，最大程度减少职业病危害。

关爱女职工孕期、产期、哺乳期特殊保护，严格执行产假制度，女职工产假期满后，可自愿申请一年育儿假。建设高标准“工会妈妈小屋”，为孕产期、哺乳期女职工提供私密、安全、卫生的休息场所。

建设人才公寓，配齐室内设施，高层次人才免费入住。开设自助餐厅、特色餐厅、接待餐厅和平价超市，满足职工不同需求，餐厅获评市级“五好”示范职工食堂。

完善职代会、厂务公开、民主评议机制，健全合理化建

齐都药业托育中心活动

议、职工代表提案、“金点子”表彰制度，定期组织职工座谈会，设立董事长信箱、工会主席信箱，主动了解职工思想动态，认真听取和采纳职工意见建议，极大增强了职工对企业“大家庭”的认同感、归属感。

二、最暖温度做优幼儿托育，用爱化解“后顾之忧”

为解决职工 1 ~ 3 岁幼儿照护难问题，在充分考虑幼儿特点、幼儿生活舒适度等因素的基础上，于 2018 年 8 月，将安全便捷的职工人才公寓一楼改造成企业自办的托育中心，建设之初就确定了“看管好、陪护好、教育好”的托育理念和普惠性、福利性的办托原则，招聘专业幼教老师担任班主任，并选拔有责任心、有爱心、有特长的企业内部职工专职从事托育工作。

托育中心坚持保育为主、保教结合，科学规划幼儿生活作息，在照料好幼儿基本生活的基础上，重点帮助幼儿养成良好生活习惯，提高自理能力，将托育中心办成“幼儿成长乐园”。坚持公益免费托，减轻了职工育儿的精力付出和经济支出，将托育中心办成“新型职工福利”，累计托育幼儿 130 余名，惠及职工近 200 人，以高质量服务赢得了职工的好评、社会的认可。企业被授予“全国爱心托育用人单位”。

三、最佳效度做精子女托管，用情托举“成长之基”

为解决职工子女暑假无人看护难题，2019 年探索开办职工子女暑期托管班。托管班不收取管理费，托管场地划分为学习区、活动区和休息区，并配备相应用品。采取“1+3+N”管理模式，即 1 名统筹协调人员，每天 3 名职工或职工大学生子女志愿者看护学生，数量不定的社会爱心人士轮流授课。坚持“一做二保三提高”原则，做好组织谋划，保障学生人身安全、保障饮食健康卫生，提高学生的自律能力、自理能力、合作能力。遵循“暖心关爱、灵活服务”宗旨，设置弹性托管时间，采用全日托、半日托、临时托等多样化托管方式满足职工不同需求。秉承“在学中玩、玩中成长”的理念，开设科技研学、安全教育、“暖奶奶”手工、心智潜能开发等十余项特色课程，丰富学生的知识、开阔学生的视野。累计托管学生 261 人次，惠及职工 198 人，实现职工带娃上班无后顾之忧，打造了“企业用心、家长放心、孩子开心”的暑期托管品牌，被评为“全国工会爱心托管班”。

四、最大频度做好实践培育，用力铺就“成才之路”

每年暑假组织职工子女到企业参观厂史馆和生产厂区，从艰苦创业、探索前行、改制重生、科学发展、创新驱动、

组织女职工体检

市场引领、文化支撑等方面全面介绍企业自力更生、艰苦奋斗的创业史，既让孩子们实地了解父母的工作，体谅父母的辛苦，传承敬老孝亲的优良传统，又让孩子们了解企业的发展历程，感受企业的发展壮大，培养对企业的归属感和身为齐都药业子女的自豪感。积极为职工大学生子女提供实习岗位，并给予一定生活补助。按照“专业相近、双向选择、择优实践”原则分配，实践单位为学生量身制订实践计划，并安排专人进行安全、技能操作、劳动纪律等培训及实践工作，既让职工子女切身体验社会生活，激励其在学习上奋发图强、有所作为，又为企业发展积蓄人才力量，培养更多“齐药二代”“齐药三代”。

创建“1+N”爱心托育托管网络让服务更进一步

中国宝武武钢集团有限公司

为切实发挥工会在服务职工需求和推动建设家庭友好型工作场所等方面的作用，帮助职工解决后顾之忧，武钢集团以“安全性、规范性、服务性”为基本要求，积极探索既符合实际又灵活多样的“1+N”托育托管服务模式，满足广大员工就近托育托管需求，整合青青教育公司幼教资源，同步开设8个托育托管点，让服务更进一步。

一、五点考虑，策划办班

（一）职工有需求

随着国家“二孩”“三孩”生育政策的逐步放开，寒暑假孩子没人管成为职工最关心、最直接、最现实、最迫切需要解决的问题。武钢集团总部及各园区现有基层单位及生态圈单位几百家，托育问题显得尤为迫切。

（二）政策有保障

全国总工会提出“推动将托育服务纳入职工之家建设和企业提升职工生活品质试点工作，推进工会爱心托管服务”的工作要求，近年来，湖北省总工会、武汉市总工会大力推进和倡导建立爱心托育托管班，武钢集团也要求精准+普惠关心关爱职工，全面提升职工获得感、幸福感、安全感。

（三）党政有支持

武钢集团高度重视和大力支持托育托管班建设工作，不论是人力、财力还是物力，党政都是坚强的后盾。

（四）专业有信赖

为了将实事办好，武钢集团专门委托有着70年历史的青青教育公司承办托育托管班，配备专业有爱心的保育员队伍，让职工们放心把孩子交给托育托管班。

（五）创建有条件

武钢集团下属武钢大厦、绿色智慧办公园等园区以及青青教育珈因早教基地等场所，在场地安全、设备设施、物业管理、营养供餐、疫情防控等各方面都符合办班的标准和要求，为开班提供了可靠保障。

二、做足准备，稳妥开班

（一）广泛调研，成立专班

武钢集团宝武武汉总部工会面向宝武武汉总部及各园区所有单位，开展员工子女托育托管需求电子问卷调查，共收集 200 余名员工对子女假期托育托管的需求，为开设班型和课程设置提供了依据。同时，成立工作专班，公司工会及青青教育公司主要负责人亲自参与，制定工作方案，确保筹备顺利推进。

（二）多点布局，形成网络

托管班创建小组先后在武钢大厦、绿色智慧办公园等多个地点进行实地考察，最终选定 8 个地点建立托育托管班，以武钢大厦员工子女托育托管中心为核心，其他 7 个服务点为延伸服务触角，形成“1+N”托育托管服务网络，各单位职工可选择就近托育托管。

武钢大厦员工子女托育托管中心

（三）专业委托，积极宣传

武钢集团工会与青青教育公司签订托管委托服务协议，全权委托其为托育托管班提供专业的策划和管理服务。及时向地方公安、消防、防疫部门报备，确保了托育托管中心安全开班。青青教育公司组成专业托育托管教师团队，热情细致地向每一位来咨询的职工介绍办班计划。在武钢职工服务中心微信公众号上发布报名海报，同时开通 3 条热线电话，开班前就有 300 余名职工踊跃报名。

三、突出特点，办出品质

（一）安全规范是根本

在设施设备上，托育托管班按幼教行业标准配置无棱角安全桌椅、床具床垫、安全监控等，为孩子们提供一个安全的托育托管环境；在防疫管理上，为每班配备防疫箱，严格执行每日体温检测、每日卫生消毒等工作，坚决确保无一例疫情病例发生；在安全责任上，青青教育公司负责与每个托管对象监护人签订托管协议，为每个托管对象购买人身意外伤害保险，设置安全知识宣传课程，筑牢安全意识防护墙；在食品安全上，明确专人负责，严格把控品质，强化过程管控，优化营养菜谱，保证孩子们舌尖上的安全；在规范管理上，严格执行教育局校园安全管理制度、卫生保健管理制度、疫情防控管理制度规定，严格执行安全交接班制度、学生接送确认签字制度、餐品留样制度，制定托管对象信息册、每周营养配餐食谱等，做到有制可循，规范执行。

（二）专业品质是本职

教职队伍配备齐，每个托育托管班配备主要负责人、保健员、保安，幼儿部配“两教两保”，少年部配语、数、外教师，以及生活老师等，体现精干化。课程内容设置优良，根据不同年龄段和班型，分别提供作业自习、课外辅导、趣味游戏、阅读时光、兴趣课程等内容，体现精品化。托管时间安排灵活，有的孩子暑期安排了兴趣爱好培训课程，或已安排外出旅游，无法按月参加托管，托管班分班建立家长

武钢大厦员工子女托育托管中心

群，按天统计托管人员参加情况，满足了职工个性化需求，体现了精细化。

（三）孩子快乐是追求

各托管点设置了图书角供孩子们阅读，安排国学、绘画、手作等特色课程，让孩子们学得开心；配备桌面益智玩具、超轻黏土、围棋、象棋、跳棋、五子棋等，带领孩子开展健康操、手势舞、趣味游戏，让孩子们玩得开心；根据孩子喜好，每周变换营养餐单，每天下午配备水果餐点，让孩子们吃得开心。

在武汉市总工会的指导和帮助下，武钢集团宝武武汉总部工会开办的员工子女托育托管中心，暑期托管 400 余人，成为助力武钢集团建设家庭友好型工作场所、打造让党政放心、职工安心、孩子开心的重要工程。

建设家庭友好型工作场所
让职工事业有成生活幸福

广州视源电子科技股份有限公司

广州视源电子科技股份有限公司（以下简称“视源”）遵循“六个友好”建设家庭友好型工作场所，通过积极搭建职工成长发展体系、保障职工福利待遇、构建企业健康管理体系、建设职工服务阵地等措施，为职工的事业发展及生活幸福提供支持。

一、基本情况

视源成立于2005年，公司主营业务为液晶显示主控板卡和交互智能平板等显控产品的设计、研发与销售。目前公司总人数超6000人，其中约60%为技术人员，平均年龄29岁，其中女职工占比超28%。

二、主要做法

（一）理念态度友好

“自由、平等、分享、包容、利他”是视源组织氛围的核心，视源将“职工的幸福感是衡量企业成败的重要标准”写入企业制度，积极营造良好氛围，维护职工权益。

（二）职业发展友好

视源把人才作为企业发展的动力源泉，围绕四个方面搭建职工成长发展体系。

1. 增强职业方向感。出台师徒“传帮带”制度、“专业 / 管理双通道”发展制度、优秀党员及管理储备干部双培制度，明确职工职业发展通道，丰富成长路径。目前有已认证导师 1261 位，占总人数的 21%，储备导师 1471 人，讲师 758 人。

2. 营造人际亲和感。通过信息化手段建立“工会信箱”小程序、“职工心声倾听”问卷调查等民主沟通渠道，让职工敞开心扉、畅所欲言。

3. 提升专业成就感。视源工会积极组织专利评比、技能竞赛、榜样人物和团队评选等活动，助力广大职工积极创新创效。截至 2022 年底，视源（含子公司）累计获授权专利超过 8000 件。

4. 减轻职业倦怠感。提供内部调岗机会并推出支持创新创业管理办法，为职工提供广阔的发展平台。

（三）工作安排友好

依法签订劳动合同及集体合同，落实福利制度、休假管理制度、薪资管理制度等劳动权益制度规范，签订《女职工权益保护专项集体合同》等集体合同，积极保障职工福利待遇。

（四）职业健康友好

积极构建“管、治、防、建”一体化企业健康管理模式。

1. 提供免费体检。公司向已定岗职工及职工父母、配偶提供免费的全面体检，并建立职工及其家属的健康档案，开展体检报告解读、慢病管理等检后服务。2022 年，健康管理团队进行异常指标指导和跟进 11733 人次。

2. 建设便民门诊。设立视源门诊（医保定点机构），其中设有全科、妇科、儿科、康复理疗科（含产后康复）等 18 个科室。具有疫苗接种资质，可便利接种多种成人疫苗。同时，视源工会在各园区建设“健康小屋”，提供便民健康问诊服务。2022 年，视源门诊及“健康小屋”提供 6500 余次医疗咨询，年度节约工时 7 万余小时。

3. 关注心理健康。视源工会梳理形成心理关爱地图，设立专职 EAP 团队，构建四级干预体系。针对女职工群体开展专题干预，涵盖新婚夫妇、新生儿父母、孕产妇等。2022 年，共开展心理咨询 740 人次，心理体检 1721 人，心理科普及心理活动 49 场，覆盖 3597 人次。

4. 建设文体活动阵地。园内设有游泳池、健身房、瑜伽舞蹈室等，视源工会组织建立 13 个文体社团，共 2767 人参加，开展 56 场专题活动及近 2000 场日常社团活动，丰富了职工的工作与生活。

5. 构建安全急救体系。视源工会部署 SOS 应急响应系统及 AED 除颤仪，培养并组建 300 余名“维 C 急救队”志愿队员，为职工生命健康安全保驾护航。

视源工会早幼中心组织的消防安全演练

（五）生育保护友好

1. 健全孕期档案。为怀孕女职工建立孕期档案，并由健康管理员定期提供科学的健康指导，给予女职工孕期全阶段身心健康关怀。

2. 建设爱心妈妈小屋。设立女职工休息哺乳室、孕妈专用休息室，合理划分为动静区域，为女职工提供安静、舒适、充足的休息哺乳空间。

3. 建设孕妈餐厅。开设环境舒适安全的孕妈餐厅，由视源健康中心专业营养师制定菜谱，配备各类微量元素补充剂，满足孕期女职工的营养需求。

4. 设置孕妈爱心车位。响应女职工诉求，电梯出口处

孕妈爱心车位

设置孕妈爱心车位，扩宽车位空间，解决孕期女职工停车问题。

5. 开设产后康复工作室。定期开展产后康复讲座及训练营，通过积极组织开展女职工“两癌”筛查、健康专题讲座、心理主题沙龙，提升女职工的幸福感与获得感。

（六）照护支持友好

1. 开展职工家属关怀服务。

（1）建立视源工会早幼中心。已在公司 4 个产业园开展早幼托育服务，服务近 500 名职工子女，视源工会早幼中心于 2022 年获评“广州市爱心托育班”。

（2）实施幸福成长计划。面向职工和家属开展亲子学习，构建“欣赏美”“感受爱”“看世界”“爱生活” 4 个学习及探索板块。

（3）开展老有所学计划。为有需要的职工组织老年大学集中报名活动，给职工父母提供充实、丰富的业余生活。

2. 健全完善职工困难帮扶机制。制定《视源工会困难帮扶救助管理办法》，设立专项救助基金及困难职工档案，建立常态化帮扶体系。自 2022 年 9 月起，已为 47 个困难职工家庭提供救助。

3. 打造职工服务智能化平台。引入信息化服务，搭建“互联网 +”职工服务平台“包打听”小程序，通过检索关键词如幼儿入学准备、月子中心推荐等，实现职工需求及疑问快速信息化解决。引入精准化服务，与周边商家展开合作，推出“凭工卡享优惠”的职工服务项目，满足职工多样化需求，提升生活幸福感。

三、取得成效

通过上述一系列措施，广大职工对视源建设家庭友好型工作场所的工作表示高度认可，认为这些措施想职工所想、解职工之难，为职工办实事、做好事、解难事，将职工的幸福感落到了实处。视源获评“广东省五一劳动奖状”“广东省 5A 级爱心妈妈小屋”“广州市爱心托育班”“广州市五星级工会”“广州市劳动关系 4A 级企业”。

四、经验启示

一是视源高度重视工会工作，全力支持、充分信任并依靠工会开展家庭友好型工作场所建设。

二是工会紧贴职工需求，全链条、全周期、全方位想职工之所想、做职工之所盼。问需于民，问计于民，视源工会于 2023 年开展“职工心声倾听”问卷调查，共收集意见反馈 2425 人次，反馈问题闭环率 100%。只有了解职工所需，优化各项服务措施，才能把工作做到职工心坎儿上。

三是“独乐乐不如众乐乐”，为周边公司职工提供优质便利的医疗体检等服务，其中视源工会健康小屋模式已一体化、成建制输出推广到其他周边企业工会，进一步扩大了工会组织和工会工作在全社会的影响力。

提升职工幸福指数 构建职工美好家园

乐健科技（珠海）有限公司

乐健科技（珠海）有限公司（以下简称“乐健公司”）于2001年成立，目前公司已发展成为一家中型专业提供PCB（印制线路板）工程及制造服务的提供商，自2010年开始研发LED基板，为客户提供热管理解决方案，致力于为公司的客户提供具有价格竞争力的产品及高效准时的服务。

一、职业发展友好

人才培养一直是乐健公司的重要投资，乐健公司工会充分发挥公司“全国模范职工小家”“国家高新技术企业”、职工书屋等优势，联合外部培训机构，搭建丰富的教育平台，使职工提升自身能力。2022—2023年，公司为数百名职工申请职业技能鉴定，并颁发证书，职工能力得到提升及肯定。

二、职业健康友好

为切实维护职工身心健康，乐健公司于每年 10 月组织符合条件的职工进行健康体检，让职工真切地感受到公司的关爱与温暖，体检项目多达 17 项，除耳鼻喉、血糖、血压、肝肾功能、心电图、各项彩超等常规检查项目外，还根据男女职工的生理特点安排个性化检查（如女职工的专项彩超项目、“两癌”筛查等），为职工送上一份公司的健康心意、一份保障。

此外，乐健公司工会全方位打造多元化的服务及平台，除日常生活必备的职工餐厅、职工宿舍、茶水间，还建设了室内篮球场、羽毛球场、台球室、拔河赛道、健身器材等，同时还成立了篮球、羽毛球、足球、垂钓、徒步等 10 个俱乐部社团，以丰富职工的业余生活。

三、工作安排友好

为了让职工能更好地照顾家庭，乐健公司提供了 8：00、8：30、9：00 等多个不同的上班班次，大家可根据工作需求及家庭情况来选择适合自己的班次。如遇特殊情况，如小孩没人照顾或家里有人生病等，提供远程办公的工作方式，供有需要的职工申请及使用，以保证职工在工作之余，能更好地处理家庭的突发状况。

四、生育保护友好

乐健公司考勤及假期管理规定对产假、哺乳假、节育假、产检假、流产假均按法律法规政策执行，职工享受相应的假期福利。除出勤福利之外，公司考虑到制造行业的工作环境不便，通过公司的支持，划出单独的区域，建立专门的爱心妈妈小屋，为女职工提供哺乳、休息的场所。有需求的女职工可通过申请使用该场所的任何设施。场所内配置水龙头、冰箱、沙发、空调、专用储物柜等配套设施。同时由乐健公司工会为生育新生儿的职工提供每人 500 元的生育祝贺金。

乐健公司组织职工体检

五、照护支持友好

一是针对哺乳期内的女职工，落实广东省女职工生育奖励假政策，给予 80 天的奖励有薪假期，让生育的女职工有更多的时间陪伴宝宝，从而建立良好的亲子关系。

二是对职工上幼儿园或小学的小孩，每周一至周五 16：00 至 20：30 提供托管服务，乐健公司工会爱心托管中心于 2014 年成立，中心的宗旨是服务职工，帮助职工照顾子女，让他们能安心工作，解决职工的后顾之忧。

三是留守儿童慰问活动。每年定期开展，为职工留守儿童发放慰问品，让孩子们感受到来自企业的关爱，让职工更好地全身心投入工作中，此活动自开展以来受到一致

乐健公司工会爱心托管中心

好评。

四是优秀职工子女奖励金。每年 8 月至 9 月，针对小学至大学本科不同阶段的职工优秀子女，给予 100 ~ 500 元的奖励，鼓励职工子女在学习的道路上继续努力。

乐健公司及乐健公司工会一直秉承着“办实事、做好事、解难事”的宗旨，结合职工的实际需求务实开展工作，让职工为社会、企业、家庭作出更多贡献，共建幸福企业。

以“六心”促“六个友好”打造有“爱”的工作场所

重庆医药（集团）股份有限公司

一、基本情况

重庆医药（集团）股份有限公司拥有全级次分、子公司200余家，分布在全国各地，现有职工约1.41万人，其中女职工近8000人，占职工总人数的60%。

二、主要做法

近年来，集团以实现职工“快乐工作、幸福生活”为目标，把“因爱卓越”的重药文化，融入建设家庭友好型工作场所的方方面面，以“六心”促“六个友好”，打造有“爱”的工作场所。

（一）营造“舒心”环境，理念态度友好

集团突出劳模精神、劳动精神、工匠精神在企业发展中的主导作用，凸显职工的社会贡献、价值和主体地位。挖掘

一线技能人才和优秀技术工人的先进典型事迹，拍摄《榜样的力量》《爱和美让你熠熠生辉》《重药工匠》视频，充分展示职工服务企业大局、建功立业的精神风貌。

结合集团女职工多的特点，持续 4 年开展“爱和美让你熠熠生辉”主题活动，多层次、多角度展现她们工作之美、劳动之美、学习之美。关注女职工成长和进步，构建和谐企业，展示新时代“她力量”。

（二）搭建“信心”平台，职业发展友好

集团鼓励女职工积极参加岗位技能培训、竞赛，努力塑造知识型、涵养型、技能型的新时代女性，为女职工提供干事创业平台，集团现有中层干部 319 人，其中女干部 127 人。已涌现出“全国五一巾帼标兵”“重庆市劳动模范”“重庆市五一劳动奖章”获得者、“重庆市向上向善好青年”等一大批先进女职工，发挥了“半边天”的重要作用，书写了“巾帼不让须眉”的美丽篇章。

集团“重药书苑”荣获 2023 年全国总工会“玫瑰书香”最美女职工阅读点，集团“重药书苑”读书会荣获重庆市 2022 年“玫瑰书香”女职工主题活动优秀女职工阅读组织，阅读视频一等奖，最美阅照二等奖、三等奖等荣誉。

（三）建立“安心”情绪，生育保护友好

鼓励生育，修订《职工婚育管理实施办法》，新增育儿假和独生子女陪护假；新增购买在职女职工特殊疾病互助保障险。近三年，544 名职工喜结连理。目前，集团共有

1787名职工生育二孩，88名职工生育三孩。

推进“爱心妈咪屋”共建共享，有条件的“爱心妈咪屋”全面向社会公众开放。重药大厦、重药和平物流等5个“爱心妈咪屋”成为重庆市“小屋”功能拓展升级建设点。

（四）开展“贴心”服务，照护支持友好

坚持以“知心大姐”为桥梁，多措并举，全面维护职工权益。保障职工工资在企业发展的同时合理增长，推进企业年金制度。定期组织健康体检、“两癌”筛查、心理咨询，组织宫颈癌疫苗接种活动。坚持开展六一儿童节关爱活动，将组织的温暖和关爱送到广大职工与子女身边。

开展“八段锦”工间操、“一块走”公益捐步运动、兴趣小组等健康运动。建立了“工会主席接待日”“职工来访接待室”“知心姐姐服务团队”等特色职工帮扶机制，了解职工所思、所想、所需、所急，为职工解难题、办实事。

（五）畅通“凝心”路径，工作安排友好

充分发挥工会“大学校”作用，打造一批“重药劳模”和“工匠人才创新工作室”，以“当好主人翁、建功新时代”为主线，着重在药房、物流班组等一线岗位开展劳动和技能竞赛，培养知识型、技能型、创新型职工队伍。集团荣获重庆市网上劳动和技能竞赛集体一等奖，70余名女职工荣获“年度之星”“季度之星”“月度之星”；多名女职工连续3年包揽重庆医药行业药师、中药师劳动和技能竞赛中、西药组冠、亚、季军。

职工在做八段锦工间操

用好用活“重药商学院”，重点打造“1+2+N”培训项目品牌，以项目带动体系发展。2019年以来，累计培训职工34.76万人次，投入培训经费695.76万元。已拥有执业（中）药师1337人（其中女职工1119人），初级职称者1251人（其中女职工908人），中级职称者1768人（其中女职工1379人），高级职称者79人（其中女职工42人）。

（六）提供“暖心”关怀，职业健康友好

坚持续签《集体合同》《女职工权益保护专项集体合同》，持续推出《知心大姐/重药集团女职工维权行动月活动》系列报道，全面宣传《促进工作场所性别平等指导手册》，推动《民法典》中关于性别平等和女职工权益保护的

法律法规宣传普及，组织参加“情系女职工 法在你身边”全国职工线上法律知识竞赛活动，发布《写给亲爱的你 / 致重药集团最美的“半边天”》家书，引发女职工的强烈共鸣。

新冠肺炎疫情期间，女职工特殊权益得到多重保障。优先安排孕期、哺乳期女职工在家办公；确需居家办公、看护未成年子女的职工，不降低劳动报酬。

三、取得成效

集团始终致力于发挥工会在帮助职工平衡工作和家庭关系中的重要作用，通过家庭友好型工作场所的建设，树立企业良好的品牌形象，从而更好地吸引和留住人才，提升了企

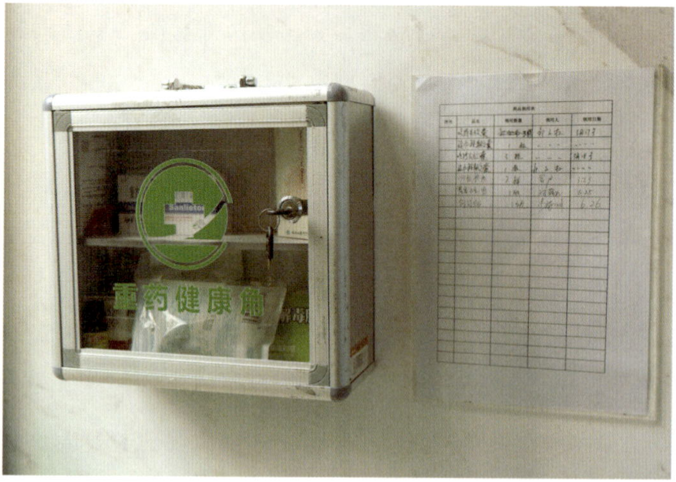

重药健康角

业竞争力。职工满意度连续五年上升，2023年职工综合满意度98.42%；企业持续高质量发展，连续三年上榜中国企业500强，成为全国总工会“提升职工生活品质试点企业”；集团及所属企业先后获得“全国五一劳动奖状”“全国模范职工之家”“全国工人先锋号”“全国五一巾帼标兵岗”等多项荣誉。

四、经验启示

建设家庭友好型工作场所是全面贯彻男女平等基本国策的切实举措。重庆医药集团工会将继续以“六心”促“六个友好”，夯实有“爱”的工作场所，全心全意支持和帮助职工平衡工作和家庭关系，提升职工的获得感和归属感。同时，为女职工在更高层次、更广领域参与经济社会发展创造条件、搭建舞台，引领她们活出精彩人生，创造幸福生活。

后　记

《建设家庭友好型工作场所优秀案例集》一书，是以2023年中华全国总工会、人力资源社会保障部、国家卫生健康委、中国企业联合会/中国企业家协会、中华全国工商业联合会征集的建设家庭友好型工作场所典型案例为基础编写的，所选案例涉及不同行业、不同规模的用人单位，内容不仅涵盖了用人单位在家庭友好政策制定、灵活工作安排、职工关爱与支持等方面的创新实践，还剖析了这些实践背后的理念、策略和实施过程。通过这些案例，读者可以深入了解家庭友好型工作场所的建设路径和成效，以及它们对职工满意度、工作效率和用人单位长远发展带来的积极影响。

本书旨在激发社会各方对家庭友好型工作场所建设的关注与参与，促进用人单位和职工之间和谐共进，推动社会整体进步与发展。我们相信，通过分享这些优秀案例，可以为更多用人单位提供经验和启示，推动家庭友好型工作场所的建设成为社会共识和行动。

让我们携手努力，共建一个更加包容、平等、和谐的职场环境，让每一个职工都能在工作与家庭的平衡中找到幸福与满足！

由于时间、篇幅和经验所限，本书难免存在不足和疏漏之处，敬请读者批评指正。

编者

2024 年 7 月